Cross Border
海外M&Aの実務

オーストラリア

ベーカー&マッケンジー法律事務所(外国法共同事業)
弁護士 **辻本 哲郎**
外国法事務弁護士 **バイロン・フロスト** 〔著〕

中央経済社

M&Aブックレットシリーズについて

　私は約30年間M&Aの世界に身を置いている。

　この間、国内外のさまざまな企業による多くの実例が積み上がり、今では連日のようにM&Aに関連する報道が飛び交っている。一方で、「M&Aってどんなこと?」と敷居の高さを感じる方も多いのではないだろうか。

　本シリーズはこの現状に一石を投じ、学生や新社会人からM&A業務の担当者、さらにアドバイスする側の専門家など、M&Aに関心のあるすべての方々にご活用いただくことを念頭に、「M&Aの民主化」を試みるものである。

　本シリーズの特徴は、第一に、読者が最も関心のある事項に取り組みやすいよう各巻を100ページ前後の分量に「小分け」にして、M&A全般を網羅している。第二に、理解度や経験値に応じて活用できるよう、概論・初級・中級・上級というレベル分けを施した。第三に、多岐にわたるM&Aのトピックを、プロセスの段階や深度、また対象国別など、テーマごとに1冊で完結させた。そして、この"レベル感"と"テーマ"をそれぞれ縦軸と横軸として、必要なテーマに簡単にたどり着けるよう工夫をこらしてある。

　本シリーズには、足掛け5年という構想と企画の時間を費やした。発刊に漕ぎ着けたのは、ひとえに事務局メンバーの岩崎敦さん、平井涼真さん、堀江大介さんのご尽力あってこそである。加えて、構想段階から"同志"としてお付き合いいただいた中央経済社の杉原茂樹さんと和田豊さんには、厚く御礼申し上げる。

　本シリーズがM&Aに取り組むさまざまな方々のお手元に届き、その課題解決の一助になることを願ってやまない。

シリーズ監修者　福谷尚久

はじめに―オーストラリア概観

国の成り立ち

　オーストラリアは正式名称をオーストラリア連邦といい、以下の６つの州と、その他特別地域（主要なものとして首都特別地域やノーザンテリトリー準州）から成る連邦国家である。

- ●クイーンズランド州
- ●ニューサウスウェールズ州
- ●ビクトリア州
- ●南オーストラリア州
- ●西オーストラリア州
- ●タスマニア州

　歴史的には英国の影響を色濃く受けており、カナダやニュージーランドとともに、英国王を国家元首とする立憲君主制を採用している。オーストラリアの憲法においては、英国王が国家元首を務めることが定められている。独立した国家であるオーストラリアの国王を英国王が兼任していることについて違和感があるかもしれないが、英国王はあくまでも憲法上の象徴的な元首に過ぎず、実際にオーストラリアの政治に介入することはない。

オーストラリアのイメージとは？

　オーストラリアは南半球にありながら、地理的に日本から比較的アクセスしやすい場所にある。英語圏であることからも、ビジネスのみならず、観光や留学・ワーキングホリデーの先としても人気が高い。このようなオーストラリアでM&Aを検討するプロジェクトに関与することになった場合、最初にどのようなことが頭に浮かぶだろうか。

- ●広大な国だが、どのあたりの地域の会社を買収するのだろうか
- ●資源が豊富なイメージがあるが、対象企業はやはり天然資源関係の企業だろうか
- ●英国との関係性が強そうなので、M&A実務も英国に似ているのだろうか

など、さまざまなことが頭に浮かぶかもしれない。

各州の特徴

　オーストラリアは日本の約20倍もの面積の広大な国で、上記の６州でも各州ごとにそれぞれ特徴がある。

　ニューサウスウェールズ州およびビクトリア州は、シドニーとメルボルンという二大都市に象徴される経済活動の中心であり、金融を含む多様なサービス、医

療・ヘルスケア、先端技術を提供する企業が存在する。

クイーンズランド州は、ケアンズやゴールドコーストといった観光都市が頭に浮かぶとおり、オーストラリア最大の観光業を有するが、その他にも多様な産業を有し、なかでも資源セクターが経済を牽引している。

その他、タスマニア州では農業、林業、観光業が盛んであり、西オーストラリア州はオーストラリアにおける天然資源や農作物の輸出の中心地であり、南オーストラリア州は資源や農畜産業に加えて近年はハイテク産業にも力を入れている。

これら各州の州政府には一定の自治権が認められており、その下にはさらに市町村としての地方自治体が存在するため、オーストラリアにて事業やM&Aを行う際には、オーストラリア連邦、各州および地方自治体の3層の規制について注意する必要がある。

オーストラリアの産業

オーストラリアの石炭および鉄鉱石が、日本の高度経済成長に大きく貢献したことを知る人も多いだろう。日本人は、学校の地理の授業等でも、世界有数の資源国であるオーストラリアから多くの資源を日本が輸入していることを習うため、M&Aに関しても大多数が資源関連のものだろうとの印象があるかもしれない。確かに鉱業はオーストラリアの歴史的な基幹産業であり、現在でもオーストラリアは石炭、鉄鉱石、ウラン、金、天然ガス、リチウムといった天然資源の世界的な供給国である。事実、その輸出量は、直近でもオーストラリア全体の輸出金額の3分の2程度を占める。もっとも、近時においては医療／教育や金融／保険といったサービス業もオーストラリア経済に大きく寄与しており、その他、建設業、製造業、先端技術産業、農業、林業、漁業、観光業といった業種も主たる産業と位置づけられている。実際にも、日本企業が近時オーストラリアで実施したM&Aの対象会社の業種は多岐にわたり、どのような業種においてもオーストラリアにおける潜在的なM&A機会は存在すると思われる。

オーストラリアのM&A実務

M&A実務についていえば、上記した英国との歴史的な関係性から、英国のM&A実務に類似する部分も多い。たとえば、株式譲渡契約については、その構成がいわゆる英国型か米国型かでいえば英国型であり、また、何かM&Aにおい

て法的問題が生じた際の分析において検討される裁判例として、英国の過去の裁判例が引用されることも多い。もっとも、M&A法制については、オーストラリア会社法（Corporations Act 2001（Cth））を中心とする内国法において詳細なルールが規定されている。たとえば、上場会社の買収規制等については、英国の制度と異なる部分も多く、オーストラリア独自のルールが確立されている。

小括－クロスボーダーM&Aの"入口"として

　M&Aを専門とする法律家である筆者が持つオーストラリアのM&Aの印象は、何ごとにおいても適度なバランスであり、クロスボーダーのM&Aを学ぶうえでは取り組みやすく、学びも多いというものである。その理由はいろいろとあるが、大きな点としては、以下のことがあげられる。

①M&A実務について、日本のM&A実務との比較でそれほど大きな感覚の相違がない

②契約書についても、米国型の長文を多用する難解な契約書ではなく、日本人にとって比較的読みやすいスタイルとなっている

③欧米から最先端のM&A実務を積極的に取り込む姿勢が見られ、M&A実務家としての知識の獲得の場として有用である

　ただし、このあたりの感覚は各人で異なると思われ、また、筆者はオーストラリアで触れた人々の温かい人柄や美しい景色により、過去の経験を美化している可能性もあるため、異なる印象を持たれた方がいる場合にはご容赦いただきたい。

　日本企業が海外M&Aを考える場合、時差も数時間と地理的にも検討しやすい場所に存在し、法制度も安定していることは大きなプラス材料である。言語も英語のみで完結し、幅広い業種の投資先候補が存在するオーストラリアは、その親日的な国民文化とも相まって、魅力的な投資先の１つであるといえるのではないだろうか。

ベーカー＆マッケンジー法律事務所（外国法共同事業）

パートナー弁護士　**辻本哲郎**

目次

はじめに－オーストラリア概観　3

第1章　オーストラリアにおけるM&Aの最新トレンド

1　オーストリアM&A市場の概況 ················ 14

（1）活発なM&A市場 ················ 14

（2）対内投資を歓迎 ················ 14

（3）増加する対外投資 ················ 14

2　近時のM&Aのトレンド ················ 15

（1）近時の状況 ················ 15

（2）M&Aの今後を占う ················ 15

（3）業種によってまだら模様 ················ 16

3　M&Aの機会 ················ 16

（1）エネルギー分野 ················ 16

（2）ESG分野 ················ 16

（3）IT／テクノロジー分野 ················ 17

4　近時の大型M&A事例 ················ 17

`Coffee Break` オージー英語（Aussie English）　19

第2章　オーストラリアにおけるM&Aの留意点

1　ビジネス環境や経済面での留意点 ················ 22

2　法的な側面やスキーム面での留意点 ················ 23

（1）対内直接投資に関する規制 ················ 23

（2）競争法に関する規制 ················ 23

`Column` 投資の審査に費用がかかるなんて!?──FIRBの審査費用
24

（3）M&Aに利用可能なスキーム ················ 25

3　その他実務上の留意点 ················ 26

（1）日本と比較して「ロックド・ボックス」方式の利用が多い ······ 26

（2）価値評価のギャップを埋めるために「アーン・アウト」
の仕組みが積極的に活用される ················ 27

7

（3）日本よりも頻繁に表明保証保険が用いられる ……………………… 27

（4）ESGやサイバーセキュリティといった比較的新しい問題に対する
　　リスクについての関心が高い ……………………………………… 28

Coffee Break 「コーヒー」をオーダーできない!?──喫茶　29

第3章　オーストラリアM&Aの実務

1　非上場会社のM&Aプロセス ……………………………………… 32

（1）非上場会社M&Aの手法 …………………………………………… 32

（2）M&Aのソーシング ………………………………………………… 32

（3）アドバイザーの選任 ……………………………………………… 32

（4）意向表明、秘密保持および独占交渉権 ………………………… 32

（5）デュー・デリジェンス …………………………………………… 33

（6）価格の決定 ………………………………………………………… 35

（7）最終契約の締結 …………………………………………………… 36

Column オーストラリアのM&A契約は、摩訶不思議!?
　　　　　　──AgreementとDeed　36

（8）クロージング ……………………………………………………… 37

2　上場会社のM&Aプロセス ………………………………………… 38

（1）上場企業M&Aの手法 ……………………………………………… 38

（2）スキーム・オブ・アレンジメントとテイクオーバー・ビッド…39

　①スキーム・オブ・アレンジメント　39

　②テイクオーバー・ビッド　40

　③スキーム・オブ・アレンジメントとテイクオーバー・ビッドの比
　　較　41

（3）スキーム・オブ・アレンジメントのプロセス …………………… 43

　①M&Aのソーシング　43

　②アドバイザーの選任　43

　③意向表明、秘密保持および独占交渉権　43

Column 2種類の弁護士が存在するオーストラリア
　　　　　　──ソリシターとバリスター　44

　④デュー・デリジェンス　46

⑤価格の決定　46

⑥契約の締結　47

⑦スキーム・オブ・アレンジメントの法的手続き　48

（4）テイクオーバー・ビッドのプロセス ······························ 48

①M&Aのソーシングからテイクオーバー・ビッドの開始前まで　48

②テイクオーバー・ビッドの法的手続き　49

（5）上場会社M&Aにおけるその他留意点 ························· 51

Coffee Break 4つのフットボール──スポーツ　52

第4章　M&Aと雇用関係

1　総　論 ··· 54

2　株式譲渡 ··· 54

3　事業譲渡 ··· 55

4　従業員のリテンションの問題 ·· 56

Column ズル休みも従業員の権利!?──病気休暇（Sick leave）　57

第5章　M&Aと税務

1　総　論 ··· 60

（1）所得税（Income Tax） ······································· 60

①非居住者のキャピタルゲインに対する源泉徴収　60

②株式譲渡の際の留意点　60

③事業譲渡の際の留意点　61

（2）物品・サービス税（GST） ································· 61

①物品・サービス税と仕入税額控除　61

Column 税金の払い漏れは逃さない

──税務補償条項（Tax Indemnity）　61

②株式譲渡の際の留意点　62

③事業譲渡の際の留意点　62

（3）印紙税（Stamp Duty） ······································· 62

①課税対象となる資産および税率　62

9

②株式譲渡の際の留意点　63

③事業譲渡の際の留意点　63

第6章　M&Aに適用される主要な法規制

1　対内直接投資に関する規制 ·· 66

（1）総　論 ··· 66

（2）FIRB承認が必要となる要件 ································· 67

①対象となる外国投資家　67

②対象となる取引　67

③承認手続き　69

④条　件　69

⑤任意の通知　70

⑥登　録　70

2　競争法規制 ·· 70

Coffee Break　"おつまみ"の持ち込みは巨大なリスク!?──入国時の
税関と検疫　71

3　ASICへの登録 ·· 72

4　その他業種特有の規制 ······································ 72

第7章　日本企業によるオーストラリアにおけるM&A

1　日豪関係と日本企業による投資 ···························· 76

2　日本企業による主要なM&A取引 ·························· 76

（1）キリンホールディングスによるBlackmores（上場会社）の買収

·· 76

（2）三菱UFJ信託銀行によるLink Group（上場会社）の買収 ········ 77

（3）花王によるBondi Sands（非上場会社）の買収 ················ 78

（4）セブンアイホールディングスによるConvenience Group Holdings
（非上場会社）の買収 ··· 78

（5）INPEXによるEnel Green Power Australia（非上場会社）の50%
株式の取得 ··· 79

（6）双日によるAlbert Automotive Holdings（非上場会社）の買収
....80

おわりに　81

第 **1** 章

オーストラリアにおける
M&Aの最新トレンド

1 オーストラリアM&A市場の概況

（1）活発なM&A市場

　オーストラリアのM&A市場は、世界の経済情勢が良好な時期には、概して堅調かつ活発であり、厳しい時期においても底堅い回復を見せてきた。オーストラリアにおけるM&Aの活発度合いは、他国との比較においても常に上位にランクされており、上場会社に対しても友好的か敵対的かを問わず、頻繁に買収提案が行われている。これは、オーストラリアが、ユニークで魅力的な投資機会を有する、開放的で活気に満ちた革新的な経済国であるということの1つの証左である。

（2）対内投資を歓迎

　オーストラリア政府は、海外投資家による対内投資を基本的に歓迎している。オーストラリアの対内投資に関する規制は透明度の高いものとなっており、国際条約や自由貿易協定を通じて、国益に合致したインバウンド投資を積極的に奨励している。また、イノベーション、研究開発、インフラ、雇用の拡大、持続可能性といった重要なテーマへの投資を促進するため、さまざまな補助金や優遇措置を提供している。海外投資家の目からみても、オーストラリアの熟練した労働力、アジア太平洋地域における戦略的立地、適切に管理された人口増加、強力な経済政策、洗練された各種インフラ、安定した規制環境は魅力的なものである。オーストラリアの主要産業としては、鉱業、不動産、金融サービス業、製造業、卸売・小売業、情報通信業、運送業、電力等のユーティリティ産業等があげられる。近年、特に海外投資家からの投資額が多い分野としては、鉱業（探鉱や鉱山開発等）、サービス業、商業不動産の分野等があげられる。今後は、テクノロジー分野のM&A活動も大きく伸びると予想されている。

（3）増加する対外投資

　他方でオーストラリアの投資家による対外投資も、近年着実に増加している。2021年時点でオーストラリアは世界第15位の対外投資国で、オーストラリア政府は、他国との貿易や経済に係る協定の締結や個別の経済戦略の策定等を通して、海外への投資を積極的に推進している。たとえば、2023年9月には、東南アジ

ア各国との双方向の貿易および投資関係の強化を目的とした新たなイニシアティブを立ち上げた[1]。

対外投資の割合としては、その約半分が米国および英国向けであるが、アジア主要国への投資についても、上記のような関係性の強化等を通じて着実に伸びている。2012年から2022年までの10年間で、オーストラリアの中国、香港、インド、日本、韓国、台湾およびASEAN各国への投資総額は1,650億豪ドルから4,380億豪ドルにまで増加している。このうち日本への投資は、2022年末時点で1,250億豪ドル程度である。

2 近時のM&Aのトレンド

(1) 近時の状況

2023年のオーストラリアのM&A活動は、どのような状況だっただろうか。実際のところ、世界の市場全体の傾向を反映し、高インフレとそれに関連する高金利、労働力不足、サプライチェーンの圧力、地政学的な不安定性などの世界的な逆風を主たる要因としてやや低調に推移し、M&Aの件数としては、新型コロナウイルス禍後のピーク時から引き続き落ち込んだ。他方で、取引金額をベースとする指標等に基づけば、世界市場との比較において、オーストラリアのM&A活動は底堅い回復を見せているようにも思われる。

(2) M&Aの今後を占う

この点、経済的、地政学的な緊張や不確実性は引き続き残るものの、インフレは緩和しつつあり、金利も中期的には低下すると予想される。こうしたM&A環境の改善が継続すれば、オーストラリアのM&A活動は2024年以降においてさらに回復していく可能性もある。そのような回復の鍵となる要因の1つとして、売主が期待する価格と買主の許容できる価格の間にギャップがある場合に、どのようにしてそのギャップを埋めるかという点があげられる。オーストラリアでは、特にプライベート・エクイティの関与する案件において、このような価値評価の

1　豪州貿易投資促進庁（The Australian Trade and Investment Commission）「Boosting Australia's trade and investment engagement with Southeast Asia」（2023年 9 月20日）（https://www.austrade.gov.au/en/news-and-analysis/news/boosting-australia-s-trade-and-investment-engagement-with-southeast-asia）

ギャップを埋め、市場の不確実性に伴うリスクを緩和する方法として、アーンアウトという手法（詳細については第2章3節を参照）も積極的に用いられている。このような調整弁を通して売主と買主との間の価値評価についての合意形成が進めば、2024年以降のM&A活動の回復の大きな後押しになるものと思われる。

（3）業種によってまだら模様

　今後のM&A活動の展開やその内容は、業種ごとにも大きく異なることが予想される。後述するように、社会、技術、規制環境の変化は、資源・エネルギー分野やテクノロジー分野のM&A活動を引き続き牽引することが見込まれる。一方で、足元の事業環境が悪く企業の価値評価が下がっている、たとえば小売業、建設業、運送業、商業不動産等の業種においては、救済型M&Aのような取引も増える可能性がある。

3 M&Aの機会

（1）エネルギー分野

　オーストラリアにおいて、近時M&A取引の機会を推進しているトレンドの1つは、温室効果ガスの「ネット・ゼロ」排出に向けた、世界的なエネルギー転換である。再生可能エネルギーやリチウム、コバルト、レアアース、その他の低排出技術に使用されるレアメタルへの投資は、世界的な投資のトレンドでもある。広大な土地に恵まれるオーストラリアでは、大規模な再生可能エネルギープロジェクトの開発が可能となる。レアメタルについても、オーストラリア政府が「Critical Minerals Strategy」の下で、積極的に外国投資家による投資を促進している。こうした背景から、関連する分野における買収、その他の方法による投資活動は、非常に活発である。

（2）ESG分野

　また、環境、社会、ガバナンス（いわゆるESG）の問題に対する株主、消費者およびその他の利害関係者からの圧力も、新たなM&Aのトレンドを生んでいる。たとえばエネルギー分野においては、ESGの環境要素との関係で、化石燃料関連資産を積極的に売却する動きが見られる。逆に、ESGに関する自社のポジショニ

16

ングを向上させるような有用な投資先に、積極的に投資する動きもある。オーストラリアでは今後数年をかけて、大企業に対する環境関連の財務情報の開示が強制されることとなっており、こうした流れもこのトレンドを後押しする形となっている。

(3) IT／テクノロジー分野

さらに、近時のIT／テクノロジーの発達も、新たなビジネスチャンスと、それとは逆に新たなリスクを生み出しており、これらに関連して、新たな技術や不足する技術を獲得する目的でのM&A（スタートアップ企業への投資を含む）も増加している。特に、オーストラリアでは近時著名なサイバー攻撃がいくつか発生しており、政府から株主、さらに消費者に至るまで、こうしたIT／テクノロジー関係のリスクに大きな関心を示すようになっている。そのため、サイバーセキュリティ関連技術のM&Aについては、今後もさらに増加することが予想される。なお、オーストラリア政府は、デジタルトランスフォーメーション（DX）に関する投資を促進する一方で、AI、量子技術、バイオテック、ロボット工学といった国益に影響する重要技術についての監視を強めている。

4 近時の大型M&A事例

上記のようなトレンドを踏まえた、近時の大型M&A買収案件としては、次のようなものがある。

図表 1 - 1 ：大型M&A買収案件

業種	買い手	売り手	スキーム	公表年	金額規模
鉱業	Newmont（米国企業）	Newcrest Mining Limited（豪上場）金鉱業	スキーム・オブ・アレンジメント[2]	2023年	262億豪ドル
	BHP（豪州企業）	OZ Minerals Limited（豪上場）銅鉱業	スキーム・オブ・アレンジメント	2023年	96億豪ドル
エネルギー／インフラ	3社コンソーシアム ・KKR（米国PEファンド） ・Ontario Teachers' Pension Plan Board（カナダ年金ファンド） ・Public Sector Pension Investment Board（カナダ年金ファンド）	Spark Infrastructure（豪上場）エネルギーインフラファンド	スキーム・オブ・アレンジメント	2021年	26億豪ドル
	OMERS Infrastructure Management（カナダ年金ファンド）	TPG Telecom（豪上場）携帯電話中継塔および屋上インフラ設備	資産譲渡	2022年	9.5億豪ドル
IT／テクノロジー	Block（米国企業）	Afterpay Limited（豪上場）後払い決済業者	スキーム・オブ・アレンジメント	2021年	390億豪ドル
	Crayon Group Holdings（ノルウェー企業）	Rhipe Limited（豪上場）クラウドソリューション/サイバーセキュリティ事業	スキーム・オブ・アレンジメント	2021年	4.1億豪ドル
ヘルスケア	キリンホールディングス（日本企業）	Blackmores Limited（豪上場）ビタミン事業	スキーム・オブ・アレンジメント	2023年	18.8億豪ドル
	Bain Capital（米国PEファンド）	Estia Health Limited（豪上場）老人介護施設運営	スキーム・オブ・アレンジメント	2023年	8.4億豪ドル

2　スキーム・オブ・アレンジメントとは、オーストラリアにおける上場会社の買収の一手法であり、買収対象となる上場会社の株式の全部を、当該上場会社の株主総会の承認および裁判所の承認を得たうえで、買収者が取得する手続きをいう。詳細については後記P.39を参照。

消費財／小売り	セブンアンドアイホールディングス（日本企業）	Convenience Group Holdings Pty Ltd*（豪非上場）コンビニエンスストア/ガソリン小売り	株式譲渡	2023年	17億豪ドル
	Malteries Soufflet（フランス企業）	United Malt Group Limited（豪上場）麦芽製造業者	スキーム・オブ・アレンジメント	2023年	15億豪ドル

＊7-Eleven Stores Pty Ltdを含む複数の会社の株式を保有する持株会社

Coffee Break　オージー英語（Aussie English）

オーストラリアのM&A案件に関与するにあたって、オーストラリアの生活や文化に関する知識を得ておくことは、会議前のスモールトークでの話題に使えるなど有益です。

このCoffee Breakにおいては、そんなトピックをいくつか紹介させていただきます。

まずトップバッターは！　オーストラリアの英語についてです。

オーストラリアは英語圏の国ですが、その英語の発音や使用される表現については、いくつか特徴的なものがあります。これらは「オージー英語」（Aussie English）とも呼ばれています。発音としては特にaの発音に特徴があって、エーではなくアイに近いものです。例えば、「こんにちは」のくだけた表現にあたる「Good day mate」（G'day mate）は、「グダイマイト」といった発音になります。

また、「どういたしまして」は、日本では「You are welcome」と習いますが、オーストラリアでは同じ文脈で「No worries」というフレーズが多用されます。その他、単語としても、Breakfast（朝食）を意味する「Brekky」や、マクドナルドをくだけて言う「Maccas」など、オーストラリアでしか使われないような表現もあります。

こういったオーストラリア英語を最初の挨拶で披露したりすれば、相手方との交渉を和やかに進めることができるでしょう。

第 2 章

オーストラリアにおける
M&Aの留意点

1 ビジネス環境や経済面での留意点

オーストラリアにおいては、M&Aを促進する要因が多くある一方で、M&Aの障害となる要因も存在する。

まず一般的なトレンドではあるが、近時の国際社会における地政学的な不安定性が、投資の重要なリスク要因とされ、クロスボーダーM&Aに萎縮的効果を与えている。オーストラリアは政治的に安定した国であるが、国際社会の情勢に大きな変化が生じた場合、オーストラリア国内における事業や投資戦略にも当然影響が生じる。中東やウクライナ情勢の今後の不透明感は、そのような影響に対して脆弱な業界（たとえば旅行業等）を中心に、オーストラリア国内のM&A需要に少なからず影響を与えている。

また、世界経済と国内経済の先行きの不透明感もM&Aに悪影響を及ぼしている。特に新型コロナウイルス禍後の高インフレと金利の上昇は、企業価値の適正な評価を困難にしている。加えて、買収資金の一部を銀行からの借入れで調達するプライベートエクイティファンド等の投資家が、適正な金利水準で買収資金を確保することが難しくなっている。これらはM&A活動の阻害要因となっている。

さらに、中国の不況も懸念材料である。中国はオーストラリアの最大の貿易相手国で、一時期悪化していた外交関係も2023年以降ほとんどの品目に対する輸出規制が撤廃されるなど、状況は改善しつつあった。ところが現状、中国経済の先行きの見通しは暗く、今後不況がエスカレートした場合、オーストラリアの輸出関連企業の業績に重大な悪影響を与える可能性がある。

日本の投資家がオーストラリア企業にM&Aを行ううえでの懸念材料は、2015年以降最も安い水準にある、豪ドルに対する大幅な円安があげられる。円安の結果、日本企業がオーストラリアのM&Aに円ベースで支払う金額は高くなる。そのため、特に競争入札のような局面では、米国など通貨が強い国の投資家に競り負ける可能性がある。ただし、為替はそれ自体が直接的にM&A活動を阻害するものではない。実際、現状の大幅な円安下においても、日本企業による大型M&A案件がいくつも実施されている。

22

2 法的な側面やスキーム面での留意点

（1）対内直接投資に関する規制（詳細は第６章１節を参照）

　日本の投資家が、オーストラリアでM&Aを行う際の法的な留意点として、まず対内直接投資に関する審査制度があげられる。

　対内直接投資とは、英語で「foreign direct investment」（略称FDI）といい、「外国投資家が国内の株式や資産等に対して投資すること」である。日本企業がオーストラリアでM&Aを実施する場合も、基本的にこれに該当する。なお、日本では、「外国為替及び外国貿易法」（いわゆる「外為法」）が対内直接投資を規制しているが、日本とオーストラリアで異なるのは、オーストラリアでは、オーストラリアの会社の株式を直接的に取得する場合のみならず、間接的に取得する場合でも、規制の対象となる点である。たとえば、日本の会社が、オーストラリアに子会社を有する別の日本の会社の株式を取得する場合でも、オーストラリアの対内直接投資規制への対応が必要となる可能性がある。

　この点、前記のとおり、オーストラリアは海外からの投資を基本的に歓迎しているが、一定の要件に該当する対内直接投資については、実行前に外国投資審査委員会（Foreign Investment Review Board：略称FIRB）への届出を行って、オーストラリア財務長官の承認を得なければならない。どのような対内直接投資が承認の対象となるのかについては、投資家の属性や投資対象会社の事業内容次第で異なる数値基準が適用されるなど、複雑なルールとなっている。仮に承認が必要な場合には、取得に一定の時間と費用を要することとなるため、慎重な判定が必要である。

（2）競争法に関する規制（詳細は第６章２節を参照）

　オーストラリアのM&Aに関する法的留意点の２つ目は、競争法の観点からの企業結合に関する審査である。

　企業結合審査とは、M&Aの結果、買主と対象会社が同じグループとして事業を行うことで、「特定の取引分野における公正で自由な競争を制限する効果が生じないか」を審査する手続きである。たとえば、日本企業がオーストラリア企業を買収するとして、その日本企業が既にオーストラリアにおいて、自らまたは子

会社を通じて、買収対象のオーストラリア企業と同種の事業を行っている場合に特に問題となる。こうしたM&Aが実施されると、グループとしてのマーケットシェアが増加することになるが、その割合が非常に高くなってしまうと、市場における価格競争が減退し、オーストラリアの消費者に不利益が生じる可能性が出てくる。そのため、M&Aによってこのような企業結合が生じる場合には、特定

Column

投資の審査に費用がかかるなんて!?
——FIRBの審査費用

　日本では、対内直接投資等に関する審査を含めて、M&Aに関して当局から承認を取得する際に、申請費用等の支払いを要求されることはほとんどありません。ところが、オーストラリアでは対内直接投資に関する審査のために、外国投資審査委員会（FIRB）にあらかじめ申請手数料を支払う必要があります。その金額も、次のようにそれなりに高額になっています[3]。

・取引額が1億豪ドルまでについて29,500豪ドル

　→その後取引額が0.5億豪ドル増えるごとに29,500豪ドルが加算され

　→上限は120万豪ドル

　申請書類の作成等に際しては、弁護士等のアドバイザーのサポートも必要です。そのため、そうしたアドバイザー費用も合わせると結構な金額の支出となります。申請手数料が無駄にならないためにも、FIRBへの申請については現地専門家のアドバイスをきちんと得たうえで実施することが望ましいといえます[4]。

3　この申請手数料は2024年〜2025年度（2024年7月1日〜2025年6月30日）のものであり、毎年7月1日に金額の見直しが行われる。
4　この申請手数料に関し、複数の買主候補の中からオークション形式で買主が選定されるM&A取引において、最終的な買主に選定されなかった買主候補に対し、一部返金する仕組みが検討されている。

の取引分野で競争を実質的に制限することとならないかについての審査が行われるのである。日本でも「私的独占の禁止及び公正取引の確保に関する法律」（いわゆる「独占禁止法」）において同様の規制がある。

企業結合の審査は、オーストラリア競争・消費者委員会（Australian Competition and Consumer Commission：略称ACCC）が行う。日本の制度と異なるのは、日本では一定の数値的基準を満たすと企業結合審査のための届出書の提出が強制されるが、オーストラリアでは現時点でそのような届出の強制はなく、任意の届出制度とされている点である[5]。

（3）M&Aに利用可能なスキーム

M&Aは一般的に、"株式譲渡"や"事業譲渡"の方法で実施されることが多く、その点について日本とオーストラリアで大きな差異はない。

他方、M&A案件の性質によっては、株式譲渡または事業譲渡以外のスキームが検討されることもあるが、オーストラリアにおいて留意が必要なのは、日本でなじみのある"合併"や"会社分割"という組織再編の制度が存在しない点である。つまり日本では、2つの法人を1つにしたい場合、それぞれを存続会社、消滅会社と決めて合併を行うことで、存続会社が消滅会社の保有するすべての資産と負債を包括的に承継し、消滅会社を文字どおり消滅させることができる。また会社分割は、事業の一部を別の法人に包括的に承継させる制度であり、事業譲渡のように資産や負債の個別の移転手続きが必要とならないことから、事業譲渡に代替するスキームとしてよく利用される。

これに対し、オーストラリアではこのような合併や会社分割に相当する制度は存在しないため、類似の取引を実現したい場合には、以下のような形で事業譲渡を利用するなどの工夫が必要となる。

- 一方の法人が他方の法人に事業の全部を譲渡し、その後、空になった法人を清算する
- 一方の法人が他方の法人に事業の全部または一部を現物出資し、対価として他方の会社の株式を取得する

なお、日本のM&Aでは、合併や会社分割の制度以外に、"株式交換"制度もよ

5　現在、この届出を任意的なものから強制的なものへと変更する制度改革が検討されており、2026年1月1日から当該新制度に移行する可能性がある。

く使われる。株式交換とは、別々の株主が保有する2つの法人について、一方を親会社、他方を子会社とする「完全親子会社関係」を創設する制度である。結果として子会社となった法人の株主は、親会社となった法人の株式を取得することになる。親会社となった法人の株式に代えて、子会社となった法人の株主に現金を支払うこともできる。

　オーストラリアでは、日本の株式交換に類似する形で完全親子会社関係を創設をする方法として、スキーム・オブ・アレンジメントという制度が存在し、特に上場会社のM&Aでは頻繁に利用される（詳細は第3章2節を参照）。

3 その他実務上の留意点

　M&A実務全般をみると、オーストラリアと日本の間で大きく乖離する部分は少ない。しかし、M&Aの条件交渉においては、以下のような差異を認識しておくことが有益である。

（1）日本と比較して「ロックド・ボックス」方式の利用が多い

　「ロックド・ボックス」（Locked Box）という概念は、日本のM&A実務では必ずしも広く浸透しているとはいえないだろう。簡潔にいえば、「M&A取引における対価を固定価格で決める」やり方である。これに対する概念として、対価を決定した時点から取引の実行（クロージング）までの期間に生じた価値の変動を譲渡価格に反映する"クロージング時価格調整方式"がある。

　この点、日本でもM&A取引の対価を固定価格で合意する場合も多く、その意味でロックド・ボックスと類似する実務は存在する。ただし、正式なロックド・ボックスの仕組みでは、対価を決定する際の基準とした過去の日付、つまり「ロックド・ボックス日」（Locked Box Date）が重要である。日本の実務では、契約書上必ずしもそのようなロックド・ボックス日は明確に定義されていない。詳細は割愛するが、ロックド・ボックスの基本的な考え方は、「M&A取引がロックド・ボックス日に実行されたもの」と擬制することにある。つまり、売主は、ロックド・ボックス日時点における対象会社の価値を固定価格として受領し、買主は、ロックド・ボックス日以降の対象会社のリスクとリターンのすべてを譲り受けるという概念である。比喩的にいえば、「過去にタイムトラベルをして、

ロックド・ボックス日に会社を売買していたと仮定した場合と同等の経済的効果を実現しようとする」ものである。そのため、仮に売主がロックド・ボックス日以降に対象会社から何らかの特別な経済的利益（「Leakage」とよばれる）を受領していた場合には、売主はその価値を買主に返還しなければならない。

このようなロックド・ボックスの仕組みは、欧州のM&A実務でよく見られるものである。オーストラリアにおいても、近時、ロックド・ボックス方式で価格を合意するケースが増加している。ただし、クロージング時価格調整方式とロックド・ボックス方式の割合を比較した場合、正確な統計があるわけではないが、依然として前者を採用する取引の割合のほうが多いように思われる。

(2) 価値評価のギャップを埋めるために「アーン・アウト」の仕組みが積極的に活用される

「アーン・アウト」（Earn Out）とは、M&A取引の実行（クロージング）後に、あらかじめ合意した一定の条件を満たした場合、買主が売主に対して追加の対価を後払いする仕組みである。追加の対価が支払われる条件は、対象会社がクロージングから一定期間経過後に、「営業利益や売上高といった一定の業績の目標数値を達成したこと」とされる場合が多い。この仕組みは、売主と買主との間で、対象会社の将来の事業計画の見通しに乖離があり、それぞれが考える対象会社の価値にギャップがある場合、それを埋める機能を果たす。

アーン・アウトは、日本のM&A実務では頻繁に利用されるものではないが、オーストラリアでは売主と買主との間での価格のギャップを埋めるための仕組みとして、積極的に活用されている。

(3) 日本よりも頻繁に表明保証保険が用いられる

表明保証保険とは、M&A契約において規定される売主の表明保証[6]の内容について違反があった場合に、それに起因する買主の損害を、保険会社が売主に代わって賠償する保険契約である。買主が被保険者となって付保する場合が多く、この保険が利用される場合、売主は詐欺等の例外的な場合を除いて、表明保証の

6　表明保証とは、売買対象物の適法な所有や対象会社の計算書類や事業に関する一定の重要事項についての正確性を売主が契約において約束するものであり、たとえば売主が「対象会社が関与する訴訟手続きはない」旨を表明保証した場合、これに反して訴訟手続きが存在することが判明した場合、買主はこれに起因する損害の賠償を売主に対して請求することができる。

違反を理由とする損害賠償責任を免除されるのが一般的である。また買主として
も、信用力のある保険会社に賠償を請求できるといったメリットがある。M&A
取引において、このような表明保証保険の利用は世界的にも一般化されつつある
が、オーストラリアではその中でも早い時期から積極的に活用されてきた実績が
あり、表明保証保険の先進国である。

（4）ESGやサイバーセキュリティといった比較的新しい問題に対するリスクについての関心が高い

　オーストラリアでは、ESGやサイバーセキュリティといった、比較的新しい問
題に対するリスクについても関心が高い。M&A取引のデュー・デリジェンスを
実施する際も、一般的項目に加えて、環境保全への配慮を実態以上に見せかける、
いわゆる"グリーンウォッシュ"や、サプライチェーンにおける人権問題、サイ
バーセキュリティといった領域についても、追加のリスク項目として調査対象と
される傾向にある。これらの領域に関するリスクは、オーストラリア政府による
規制の強化に伴って増大している。特にグリーンウォッシュとサイバーセキュリ
ティに関しては、監督当局の最優先課題として監視および摘発が強化されている。
また、これらの問題に関する株主によるクラスアクションも、増加傾向にある。
そのため、ESGへの関与度の高いM&A取引ではもちろんのこと、そうではない
M&A取引でも、これらの領域を対象とした追加的なデューデリジェンスの実施
が行われるようになってきている。

Coffee Break 「コーヒー」をオーダーできない!?──喫茶

　オーストラリアは、英国の影響から紅茶の国と思われるかもしれませんが、実はコーヒー文化の国です。とはいえ、シドニーの町を歩いていても、日本でよく目にするようなコーヒーチェーンの看板を見かけることはほとんどありません。実はオーストラリア人は、地元の独立系コーヒーショップを大切にしていて、多くの人が自分の気に入ったコーヒーショップで、自分の気に入ったフレーバーのコーヒーを買って朝の時間を楽しむのです。

　コーヒーといってもいろいろな種類があって、コーヒーショップで日本のように「ホットコーヒーがほしい」とオーダーしても通じません！　オーダーする際には、コーヒーのなかで「何を飲みたいのか」を具体的に伝えなければならないのです。その種類も、日本のホットコーヒーに相当する"ロングブラック"に加えて、"エスプレッソ"、"ラテ"、"カプチーノ"、"マキアート"、"フラットホワイト"、さらには"マジック"（メルボルンのコーヒーショップでオーダーできます。ご興味があればお試しあれ）と豊富です。

　オーストラリアの会社では、会議をする際に、参加者それぞれが希望する種類のコーヒーを提供してくれることが多いので、自分の好みのコーヒーを注文できるように準備しておくといいでしょう。

第 3 章

オーストラリア
M&Aの実務

1 非上場会社のM&Aプロセス

（1）非上場会社M&Aの手法

　オーストラリアにおける非上場会社のM&Aは、他の国と同様に、通常は株式譲渡、または事業譲渡の形で実施される。株式譲渡は、株式の譲渡によって買収を完結できるため、手続きは簡易である。ただ、法人全体を買収するため、偶発債務を含む対象会社のすべての債務を承継するデメリットもある。事業譲渡を用いる場合は、取得する資産と負債を特定して個別に譲渡するため、手続きは複雑だが、それ以外は承継されないため、売主と買主双方にとってメリットとなるケースもある。

（2）M&Aのソーシング

　非上場会社のM&Aは、主にコーポレート・アドバイザリー・ファームや投資銀行が、①買主と協働して買収ターゲットを特定する、②売主と協働して買主候補を特定する、という形で起こることが多い。②の場合には、オークションを実施して、複数の入札者から、買収価格やその他主要条件について、拘束力のない提案書を求めることもある。

（3）アドバイザーの選任

　オーストラリアのM&Aでは、現地の法務、会計、税務について十分な知見を持つアドバイザーを選任する必要がある。また、現地のM&A実務に精通し、企業の価値評価や条件交渉といった案件全般をサポートしてくれる、フィナンシャルアドバイザーの選任も重要だ。加えて、案件の性質や対象会社の業種によっては、環境、保険、労務、不動産、ITといった専門性の高い分野について知見を有するアドバイザーの起用も検討する。

（4）意向表明、秘密保持および独占交渉権

　M&Aは一般的に、意向表明書[7]の交渉によりスタートすることが多い。意向表

7　呼称はさまざまであるが、letter of intent（LOI）、memorandum of understanding（MOU）、heads of agreement（HA）、term sheet（TS）といった名称で一般的に作成される。

32

明書の役割は、当事者が取引を進めるにあたっての大枠を合意することにあり、以下のような内容が規定されることが多い。

　　①取引の主要条件
　　②第三者との交渉制限（いわゆる独占交渉権）
　　③政府からの承認の取得等、取引の実行にあたり重要な前提条件が存在する
　　　場合に、その対応の枠組み
　　④デュー・デリジェンスの実施
　　⑤秘密情報の取り扱い
　　⑥取引全体の時間軸

　当事者は、意向表明書の締結をもって取引の実行を義務づけられるものではないが、その中に規定される独占交渉権や秘密保持義務については、法的拘束力のある合意とされることが多い。法的拘束力のある合意とは、違反した場合に法的責任を負う約束をいうが、意向表明書の中でどの条項が法的拘束力のある合意であるのかについては、意向表明書の中できちんと明示しておく必要がある。

　なお、独占交渉権や秘密保持義務は、それぞれ独立した文書として作成されることも多い。

(5) デュー・デリジェンス

　M&A取引において買主は、売主に表明保証を要求することで、一定のリスク回避ができる。ただし、売主に表明保証違反の責任を追及するためには、最終的に訴訟等の法的手続きを提起しなければならない。また、その時点で売主に十分な資力がなければ、買主が勝訴しても実際の損害回復ができないおそれもある。したがって、対象会社のリスクを事前に精査するデュー・デリジェンスは大変重要である。もっとも、どの程度までデュー・デリジェンスを行うのかは、買収の規模や重要性によっても異なり、費用対効果の観点から限定的な範囲で実施するという判断もあり得る。

　この点、オーストラリアにおいては、一般にアクセス可能な公開情報に基づき、**図表3-1**のような基本情報を確認することができる。

　このような公開情報に基づく情報取得に加えて、友好的なM&A取引では、通常、オンライン上か物理的に開設されるデータルームで、対象会社の秘密情報が開示される。開示される秘密情報には、一般的に対象会社の取引契約、財務書類、税

図表3-1：アクセス可能な公開情報

アクセス可能な機関・データベース	確認できる情報
オーストラリア証券投資委員会（Australian Securities and Investments Commission：略称「ASIC」）のデータベース	対象会社の株主情報や役員情報
動産担保登録簿（Personal Property Securities Register）	対象会社の資産に対する登録済担保権の有無
土地管理局（land office）のシステム	不動産の所有権
商標、特許および意匠登録簿	対象会社による知的財産権の所有、およびそれらの権利に対して設定された第三者の権利の存在
裁判所のシステム	対象者が関与する訴訟や清算手続の有無

務書類、不動産関連の契約、雇用関連の契約および規程、訴訟資料、保険契約等が含まれ、買主はこれらの情報に基づきより詳細なデュー・デリジェンスを行うことができる。

　オーストラリアでは、このような買主側のデュー・デリジェンスに加え、特にオークションで対象会社の売却が行われる案件では、ベンダー・デュー・デリジェンスを実施することも多い。ベンダー・デュー・デリジェンスとは、売主（ベンダー）が売却手続きを開始する前に、自らの費用で対象会社の問題点を把握するために行うデュー・デリジェンスをいう。ここで作成された報告書は、買主候補や金融機関等に対して開示されたり、記載内容に対して買主候補や金融機関等が直接「依拠」できたりすることもある。これは「reliance」と呼ばれ、この場合、買主候補や金融機関等は、報告書を作成した第三者専門家と直接的な契約関係がないにもかかわらず、報告書に誤りがあった場合には、一定の条件の下でその第三者専門家に対して、責任追及を行うことができる。

　ベンダー・デュー・デリジェンスを実施するメリットとしては、以下のような点があげられる。

- ●売主側が、買主との間で重点的な交渉が必要になる論点を、あらかじめ把握できる。
- ●売主側が、事前に発見された問題点を分析したうえで、売却手続きの開始前にこうした問題点を是正するか、少なくとも一定の対応を行える。
- ●ベンダー・デュー・デリジェンスの報告書は、買主が対象会社の全体像や主

要な問題点について把握するための有用なガイダンスとなる。これによって、買主のデュー・デリジェンスの期間の短縮や効率化につながり、なるべく多くの買主候補の入札プロセスへの参加を促進できる。

●買主によるデュー・デリジェンスでは、対象会社は多くの情報請求や質問を受けるが、事前にベンダー・デュー・デリジェンスを実施しておけば予行演習にもなり、混乱を防げる。またベンダー・デュー・デリジェンス報告書の開示によって、複数の買主候補からの類似した情報請求や質問を防止できる。

なお、オーストラリアの法律上、売主は買主に対して、情報を開示する積極的義務はない。ただし、買主に対して誤解を招く行為や欺瞞行為を行った場合には、オーストラリア会社法やオーストラリア競争消費者法（Competition and Consumer Act 2010（Cth））に基づく責任を負う可能性がある。そのため、売主としては、買主に対して誤った情報を提供し誤解を与えないよう、あらかじめ対象会社に関する一定のデュー・デリジェンスを行っておくことが賢明であるといえる。

(6) 価格の決定

オーストラリアにおいても、M&Aの売買価格の決定は通常、DCF法や純資産法といった一般的な企業価値評価の算定方法を用いて行われる。売主と買主は、企業価値評価の算定結果や、デュー・デリジェンスにおける発見事項等を考慮のうえで価格交渉を行い、最終的な価格を合意する。合意方法としては、大きく分けて以下の2通りが存在する。

①固定価格で合意する（前記第2章3節において概説したロックド・ボックスの方式を利用する事例も多い）

②クロージング時価格調整で合意する（価値評価の算定に用いた純有利子負債および運転資本等の金額と、クロージング時点におけるそれらの金額とを比較し、その差額を調整金として支払うといった事例が多い）

また、売主および買主間の価値評価に関するギャップを埋める手段として、前記第2章3節において概説したアーン・アウトの仕組みも積極的に利用されている。

なお、手付金のような形で「買主が代金の一部前払いを行う」といった実務は、不動産分野を除き、オーストラリアでは一般的ではない。

（7）最終契約の締結

　オーストラリアで非上場会社の株式や事業を譲り受ける場合、他の国と同様、株式譲渡契約や事業譲渡契約が基本的な契約書となる。契約書には、合意された価格に加えて、取引実行の前提条件、表明保証、誓約、損害賠償、解除といった種々の条件が規定される。

Column

オーストラリアのM&A契約は、摩訶不思議!?──AgreementとDeed

　オーストラリアでのM&A契約において、契約の名称が「○○Agreement」というもの以外に、「○○Deed」とされているものがあります。実はこれらの2つは異なるもので、契約締結の方法も異なります。

　「Agreement」と「Deed」にはさまざまな違いがありますが、特に契約においていわゆる約因（Consideration）が存在しない場合に、「Deed」の形式が選択されることが多いのです。この「約因」とはいわゆる「対価」で、オーストラリアをはじめ欧米各国では日本とは異なり、対価のない「Agreement」は原則として契約としての拘束力が認められず、例外的に「Deed」の形式で締結した場合には拘束力が認められるとされています。

　M&Aに関していえば、株式譲渡契約には対価が存在することから、通常「Agreement」の形式で締結しても問題はありません。一方で、秘密保持契約や保証契約といった対価が伴わないものについては、「Deed」の形式で締結される場合が多くなります。なお「Deed」は「Agreement」と異なり、契約調印に際して特別な様式が要求されるので、注意が必要です。詳細は割愛しますが、日本の会社の場合、"代表取締役が署名して会社の代表印を押印する"ことで、基本的には必要な様式を充足することができます。

(8) クロージング

最終契約締結とクロージング[8]は、同時に行われる場合もあるが、取引の実行に "当局の承認" や "第三者の同意" が必要な場合には、こうした承認や同意の取得がクロージングの前提条件となる。"第三者の同意" には、たとえば対象会社の顧客、仕入れ先、金融機関等との契約で、株主変更の際には契約相手方の同意が必要といった条項が規定されているような場合が含まれる。前提条件を合意する場合には、当該条件が充足され、クロージングに進むかどうかに争いが生じないよう、その内容を最終契約において明確に合意することが望ましい。

非上場会社の株式譲渡のクロージングでは一般的に、株式の所有権が買主に移転されると同時に、以下の手続きをあわせて行う。

①取締役を買主の指名する新たな取締役に変更する

②金融機関との関係で代理権を有する権限者を、買主の指名する新たな権限者に変更する

これらをクロージング当日に実施するため、オーストラリアでは株式譲渡契約書で以下のような書類を、クロージング時の「売主から買主への交付書類」として規定することが多い。

- **売主の調印した株式名義書換え書類（Share Transfer Form）**：これに売主および買主が調印し、それを会社に提出することで株主名簿の名義書換えがなされる。

- **売主の保有する旧株券**：株式譲渡の際、旧株券は回収されて廃棄され、新たな株主には新株券が発行される。売主が旧株券を喪失していても株式譲渡は実行できる[9]が、旧株券を回収できない場合、それから生じる問題は売主が補償することを約束する書類を、売主に署名させる。

- **対象会社の取締役会議事録の写し**：クロージング当日に以下の手続きを完了できるよう、対象会社の取締役会において予め必要な決議を行わせておく。①買主の指名する新たな取締役の選任、②金融機関との関係で代理権を有する権限者の変更、③買主の株主名簿への登録、④新株券の発行等。売主がこれらの決議を対象会社に行わせたことを確認するため、買主は取締役会議事

8　一般的に譲渡対象物の所有権の移転、およびこれと引換えに行われる代金の支払いをいう。

9　これに対して、日本では売主の保有する株券は廃棄されず、売主の保有していた株券を買主に対して交付する必要があるところ、仮に売主が株券を喪失していた場合には、株券喪失登録簿に登録して旧株券を失効させる手続きが必要となる（失効までに原則として1年を要する）など、取引実行に与える影響が大きい。

録の写しを取得するのである。

他方、事業譲渡の場合には、譲り受けた各資産の所有名義を買主に変更するための書類が売主から買主への交付書類として規定される。また、事業譲渡に伴い取引契約等の承継を行う場合には、それぞれの契約についてのNovation Agreement（更改契約）なども、売主から買主への交付書類として規定される。

2 上場会社のM&Aプロセス

（1）上場企業M&Aの手法

日本と同様に、オーストラリアの上場企業のM&Aのプロセスは、非上場会社のM&Aプロセスとは大きく異なる。対象会社の株主間での公平性の確保と、買収機会について公平な競争の場を設けるという観点から、さまざまな規制が存在する。

上場会社の買収手法には、大きく分けて以下の2通りがある。

- スキーム・オブ・アレンジメント（Scheme of Arrangement）：日本における"株式交換"に類似する手続き。対象会社の株主総会での承認と、裁判所の承認を得て、買主が対象会社の100%株主となる
- テイクオーバー・ビッド（Takeover Bid）：日本における"公開買付け"に類似する手続き。買主が提案するテイクオーバー・ビッドに応募した株主から、対象会社株式を集合的に取得する

この点、オーストラリアでは、以下のような上場会社の株式の取得が原則として禁止されており、法に定められる一定の"例外的場合"を除いて、そのような取得を行うことは許容されない。

①20%以下の上場会社の株式を保有する者が追加で株式を取得した結果として20%を超える株式を保有すること

②20%を超え90%未満の上場会社の株式を保有する者が追加で株式を取得すること

なお、この"20%"という閾値は、議決権数を基準として判定される。その判定では、ある株主が自分で保有する議決権数に加え、その関係者が保有する議決権数についても算入される。

上記のスキーム・オブ・アレンジメントとテイクオーバー・ビッドによる株式の取得は、法に定められる"例外的場合"に該当し、オーストラリアにおける上場企業の買収は、概ねこのいずれかの方法で実施されている。

(2) スキーム・オブ・アレンジメントとテイクオーバー・ビッド

　上場企業のM&A実施時に、この両者のいずれを選択するかについては、さまざまな考慮要素が存在する。

①スキーム・オブ・アレンジメント

「株主総会での承認と裁判所の承認を得て、買主が対象会社の100％株主となる企業再編手続き」

　スキーム・オブ・アレンジメントは、株主総会の開催等を含め、対象会社が主導するプロセスである。そのため、一般的には友好的な取引においてのみ利用される。いったん株主総会と裁判所で承認されれば、その結果は、反対票を投じたり、投票を棄権したりした株主を含む対象会社の全株主を拘束する。逆に、株主総会や裁判所で不承認となれば、賛成票を投じた株主に対しても効力を生じない。その意味では、「100％株式の取得」か「取引の不成立」という、「オール・オア・ナッシング」の結果をもたらす手法である。

図表3-2：スキーム・オブ・アレンジメント

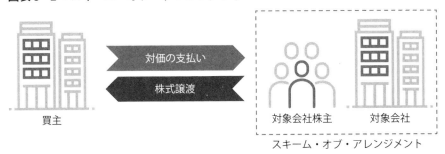

　スキーム・オブ・アレンジメントの株主総会での承認要件は、次の2つの基準を満たすことである。
　①議決権数要件：株主総会で実際に行使された議決権の75%以上の承認

②人数要件：株主総会で議決権を行使した株主の人数の50％以上の承認

　この点、テイクオーバー・ビッドでは、100％株式の取得を確実に行うために、「総議決権の90％以上の株主の応募を得なければならない」ことから、75％という議決権数要件は若干緩やかであるようにも思われる。もっとも、以下のような、本手法にのみ生じる論点があることには留意すべきである。

- 買主が既に保有している議決権は、75％にカウントされない。つまり、買主が既に多数の議決権を有している場合、その残りの議決権の25％を有する株主の反対で、否決されてしまう
- 反対する少数株主が多数存在する場合には、人数要件を満たすことができないリスクがある

　なお、スキーム・オブ・アレンジメントは、株主総会の承認を得て行うため、定款変更や自己株式取得の承認などの、その他のコーポレートアクションも同時に実施できる。この柔軟性は、テイクオーバー・ビッドにはない特有の利点といえるだろう。

②テイクオーバー・ビッド

「対象会社の株主全員に対して行われる、一定のルールに従った株式の買付け提案」

　オーストラリアにおいては、"オン・マーケット・テイクオーバー・ビッド"と"オフ・マーケット・テイクオーバー・ビッド"の２つの手続きが存在する。前者は、「無条件で実施しなければならない」など、M&Aでそれほど一般的に使用される手法ではないため、以下ではオフ・マーケット・テイクオーバー・ビッドを前提に説明を進める。

　スキーム・オブ・アレンジメントと比較すると、テイクオーバー・ビッドは買主と対象会社の株主との間の直接的な取引であるため、対象会社の手続きへの関与は必須ではない。そのため、友好的な買収にも敵対的な買収にも利用できる。

　なお、テイクオーバー・ビッドで買主が議決権の90％以上を取得できれば、応募しなかった残りの少数株主の株式を同価格で強制的に買い取れる"スクイーズアウト"という制度を利用できる。

図表3-3：オフ・マーケット・テイクオーバー・ビッド

③スキーム・オブ・アレンジメントとテイクオーバー・ビッドの比較

　以上のとおり、両者にはさまざまな差異がある。**図表3-4**は、それぞれの特徴を比較したものである。一般論として、日本企業は「オール・オア・ナッシング」の結果を好み、また、馴染みのないオーストラリアの法的手続きは、現地企業である対象会社主導で進める方が効率的でもあるため、スキーム・オブ・アレンジメントが選択されるケースが多い[10]。

10　2025年1月1日より、オーストラリアの上場会社の支配権を取得する取引において、スキーム・オブ・アレンジメントまたはテイクオーバー・ビッドのいずれを利用する場合においても、オーストラリア政府に対する一定の手数料の支払いが要求されることとなった。具体的には、スキーム・オブ・アレンジメントの場合には裁判所の承認を、テイクオーバー・ビッドの場合にはスクイーズアウトの通知を、オーストラリア証券投資委員会（Australian Securities and Investments Commission）に対して提出する際に手数料が課されることとなり、その金額は案件の規模に応じて以下のとおりである。
・取引価格が1,000万豪ドル以上の場合には1万豪ドル
・取引価格が3,500万豪ドル以上の場合には5万豪ドル
・取引価格が1億豪ドル以上の場合には14万5,000豪ドル
・取引価格が5億豪ドル以上の場合には19万5,000豪ドル

図表3-4：スキーム・オブ・アレンジメントとテイクオーバー・ビッドの比較

	テイクオーバー・ビッド	スキーム・オブ・アレンジメント
プロセスの主導権	買主がプロセスを主導する（スキーム・オブ・アレンジメントとは異なり、対象会社の取締役会の支持や推奨は必須ではない）	対象会社がプロセスを主導する（株主総会資料の作成、独立専門家の報告書の取得、ASICへの書類提出、裁判所への承認申請などを対象会社が行う）
敵対的買収への利用可否	可能	不可能
買収対価	現金や証券、それらの組み合わせも可能。ただし、全株主に対して同じ選択肢を提示しなければならない。	現金や証券、それらの組み合わせも可能。対象会社経営陣等の一部の株主に、買主の株式を提供し、他の株主には現金を提供するといったことも可能。
最低価格	テイクオーバー・ビッド前の4ヵ月間に買主またはその関係者が対象会社の株式を取得していた場合、その最高価格を提示しなければならない。	最低価格についてのルールは存在しない（ただし、裁判所がその承認の過程で過去の取引条件を考慮する可能性はある）
承認基準	90%の議決権を取得できれば残りの少数株主をスクイーズアウトすることが可能（ただし、テイクオーバー・ビッド前に既に60%を超える議決権を保有している場合には、特別なルールがある）裁判所の承認は不要。	①株主総会で実際に行使された議決権の75%以上が承認しており（議決権数要件）、かつ、②株主総会で議決権を行使した株主の人数の50%以上（人数要件）が承認していることが必要。裁判所の承認も必要。
既存保有株式の取扱い	テイクオーバー・ビッド前において保有していた株式も、上記90%の計算に算入できる。	買主およびその関係者は、株主総会において議決権を行使することができない。
結果の確実性	応募株式数が、上記の90%の基準を下回った場合、スクイーズアウトが実施できず、100%子会社化を達成できないリスクがある。	「100%株式の取得」または「取引の不成立」という「オール・オア・ナッシング」の結果となる。
スケジュール	裁判所の承認プロセスがないため、理論上はより短期間で買収を完了できる。	株主総会の開催や裁判所の承認手続きが必要となるため、比較的時間を要する。
競争入札への対応能力	仮に高い価格で買収を仕掛ける競争入札者が出現した場合でも、柔軟に条件を変更して競争することができる。	株主総会が招集された後の条件変更には、通常、ASICと裁判所の承認が必要となり、競争入札者が出てくるタイミングによっては、スケジュールに影響が生じ得る。
独立専門家報告書	買主が対象会社の30%以上の議決権を有している場合、または対象会社と共通の取締役がいる場合、独立した専門家による報告書の取得が必要となる。	法的要請としてはテイクオーバー・ビッドと同様だが、実務上、当局との関係で、常に独立専門家による報告書の取得が必要とされる。

(3) スキーム・オブ・アレンジメントのプロセス
①M&Aのソーシング

　上場会社のM&Aの情報は、株価に重大な影響を与えるため、買主は、アプローチ方法を慎重に検討する必要がある。実務上、オーストラリアで最も一般的なのは、買主側の経営陣トップから、買収候補先企業の経営陣トップに対して、電話で導入的な話を行うことである。その後、買主側の提案する、主要な条件を記載した拘束力のない意向表明書を送付する、というアプローチをとる。

　なお、上記のようなコミュニケーションは通常秘密裏に行われるが、戦略的見地から、買主がこうしたアプローチをあえて公表し、対象会社の取締役会に買主の提案内容を真摯に検討するようプレッシャーをかけることもある。このような行為は「ベアハグ」と呼ばれ、敵対的買収の前兆にもなる行為である。本書では、このような上場会社案件特有の買収戦略の詳細は割愛する。

②アドバイザーの選任

　上場会社のM&Aの場合にも、現地の実務や法制の知見を有する専門家をアドバイザーとして選任する必要がある。とりわけ上場会社のM&Aでは、現地の情報開示規制やインサイダー取引規制等といった特有の論点もあるため、十分な実務経験を有するアドバイザーの選任が必須となる。

③意向表明、秘密保持および独占交渉権

　前述のとおり、上場会社のM&Aの初期提案は、一般的には買主から対象会社に対して、主要条件を記載した拘束力のない意向表明書を送付するところから始まる。提案を受けた対象会社が、友好的に進めることを合意すれば、こうした機密性の高い情報を保護するため、速やかに買主と対象会社の間で秘密保持契約が締結される。その際、対象会社は通常、いわゆる「スタンド・スティル」について合意するよう買主に求める。

　「スタンド・スティル」とは、対象会社の株式の取得を一定期間行わないことについての合意をいう。オーストラリアの上場会社のM&Aでは、6カ月から24カ月の期間のスタンド・スティルを求めることが一般的である。その間買主は、対象会社の取締役会が承認した以外の方法で株式を購入したり、買収を開始したりすることが禁止される。なお、スタンド・スティルの合意に際して買主は、た

> **Column**
>
> ## ２種類の弁護士が存在するオーストラリア——ソリシターとバリスター
>
> スキーム・オブ・アレンジメントの実施には、これまで説明してきたとおり裁判所の承認が必要になります。ところでオーストラリアには、「ソリシター」と呼ばれる弁護士と、「バリスター」と呼ばれる弁護士の２種類が存在することをご存知でしょうか。
>
> 一般的に、M&Aの実施に伴うデュー・デリジェンス、取引契約の作成、交渉等をサポートしてくれる法律事務所に所属する弁護士は、ソリシター（事務弁護士）です。ソリシターは、裁判所に出廷して弁論や証拠調べなどを行うバリスター（法廷弁護士）の資格を通常有していません。そのため、裁判所での承認手続きとの関係で、別途バリスターを選任する必要があるのです。
>
> 日本には弁護士資格は１つしかないので、２種類の資格が存在するオーストラリアの制度は不思議に思われるかもしれませんね。この制度は英国の伝統を受け継ぐもので、オーストラリア以外でもたとえば香港などで採用されています。バリスターは英国の伝統に従って、中世のような白いかつらをかぶって法廷で活動しています。ご興味があれば、オーストラリアの裁判所を訪問して裁判を傍聴してみるのもおもしろいでしょう。
>
> なお、バリスターの綴りは「barrister」で、カフェでコーヒーを作る「barista」とは異なります。念のため。

とえば「"第三者による対象会社への買収提案の公表"といったような一定の例外的場面においては拘束が解除される」とするなど、必要以上の拘束を受けないような仕組みを提案すべきである。

友好的買収の場合には、買主と対象会社の間で独占交渉権を合意することも多い。ただし非上場会社のM&Aの場合と異なり、第三者が競争入札者として登場

する可能性も考慮し、以下のような項目を含む、より詳細な合意を行うことが多い。

【対象会社の義務】
- 第三者からのオファーを積極的に勧誘しない「ノー・ショップ」の義務
- 第三者からアプローチがあっても交渉に応じない「ノー・トーク」の義務
- 第三者にデュー・デリジェンスの機会を提供しない「ノー・デュー・デリジェンス」の義務
- 第三者から競合提案を受けた場合、その内容を買主に通知する「通知」義務

【買主の権利】
- 第三者から競合提案を受けた事実が通知された場合に、買主がその提案と同等かそれ以上の条件での再提案を行うことができる「マッチング」の権利

　上記のような合意は、早期の段階では「process deed」といった文書として、また、より進んだ段階では"スキーム実施契約"（以下の⑥で詳細を述べる）の一部として、締結される。

　取引の確実性を高めるために、対象会社が買主以外の第三者と取引を行った場合に、対象会社が買主に対して一定金額のペナルティを支払う"ブレークアップ・フィー"を合意する場合もある。逆に買主が取引を中止したら、対象会社に一定金額のペナルティを支払う、"リバースブレークアップ・フィー"を合意するケースもある。

　このような、独占交渉権やブレークアップ・フィーなどの合意による、対象会社と買主間における取引保護の仕組みは、"ディール・プロテクション"と呼ばれる。オーストラリアの法律上、このような取引保護の仕組みを合意することは基本的に許容されているが、適法とされるためには"フィデューシャリー・アウト"が確保されている必要がある。具体的には、対象会社の取締役が「株主にとって最善の利益になる」と判断されるような競合提案を第三者から受けた場合に、それを検討し、また賛同しうる状況が確保されていることである。ブレークアップ・フィーの金額については、実務上、対象会社の株式価値の１％までが適切な水準と考えられている。

④デュー・デリジェンス

友好的な上場会社のM&Aの場合(スキーム・オブ・アレンジメントは通常この場合に該当する)、非上場会社の買収と同様、公開情報のみならず、対象会社から秘密情報の提供を受け、それらを元にしたデュー・デリジェンスが実施されることが一般的である。ただし、買主は、対象会社の株価に影響を与える可能性のある非公開情報を入手した場合、インサイダー取引規制に違反しないよう慎重に対応する必要がある。

⑤価格の決定

図表3-4のとおり、買主が対象会社の株主へ交付する対価は、現金や証券、それらの組み合わせも可能である。交付する対価の最低価格に関するルールも存在しない。なお、対象会社経営陣等の一部の株主に買主の株式を提供し、他の株主には現金を提供するようなアレンジも可能である。ただし、この場合、株主総会承認との関係で、対価の異なるそれぞれの種類ごとの株主総会の承認が必要と

図表3-5:スキーム・オブ・アレンジメント

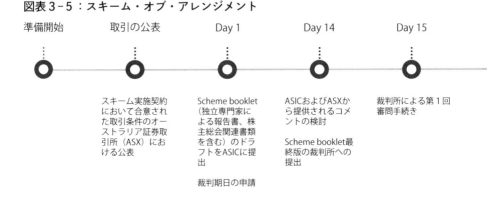

46

なる可能性がある。

⑥契約の締結

スキーム・オブ・アレンジメントを実施する場合、買主と対象会社の間でスキーム実施契約（Scheme Implementation Agreement）が締結され、これが取引の合意内容を定める基本的な契約となる。この契約は、対象会社に、合意した価格とその他条件での、スキーム・オブ・アレンジメントの実施を義務づけるものである。当該実施の条件として、関係当局からの承認の取得などを前提条件として定めることも可能であるが、それらの前提条件は、裁判所による第2回審問手続きまでに充足される必要がある。

また、これと合わせて、以下の2つの技術的かつ定型的な書面の締結が必要となる。

①スキーム・オブ・アレンジメントを法的に有効化するために必要となる「Scheme of Arrangement」

②スキーム・オブ・アレンジメントの成立時に、買主が対象会社の株主に対して対価の支払義務等を負うことを規定する「Deed Poll」

⑦スキーム・オブ・アレンジメントの法的手続き

スキーム実施契約の締結後、対象会社主導で株主総会の開催準備や裁判所の審問手続き等が進められる。以下はその概要である。

- 対象会社による "Scheme booklet" の作成

  Scheme bookletは株主総会のために対象会社から株主に送付される書類であり、株主総会招集通知、「Scheme of Arrangement」と「Deed Poll」の写し、取引内容についての説明文書、独立専門家の報告書等を含む
- ASICによるScheme bookletのレビューと承認

  レビュー期間は最低14日間。それ以上の期間のケースもあり
- 裁判所による第1回審問手続き

  スキーム・オブ・アレンジメント実施に向けた株主総会の開催、Scheme bookletの内容に関する裁判所の承認取得
- 株主総会の開催

  開催に先立ち、最低28日前までの招集通知が必要
- 裁判所による第2回審問手続き

  スキーム・オブ・アレンジメントの効力発生についての裁判所の承認を取得
- スキーム・オブ・アレンジメントの効力発生

  裁判所の承認後、裁判所からASICに命令が発出され、最終的な効力が発生
- 基準日の設定と対価の支払い

  効力発生日以降に、対象会社の最終株主を確定のための基準日を設定。基準日後速やかに対価支払いを実施し、買主が対象会社の全株式を取得

図表3-5はスキーム・オブ・アレンジメントを実施する際のおおまかなタイムスケジュールを示すものである。

（4）テイクオーバー・ビッドのプロセス

①M&Aのソーシングからテイクオーバー・ビッドの開始前まで

テイクオーバー・ビッドの方法で上場会社のM&A実施をする場合でも、プロセスの当初の段階は、スキーム・オブ・アレンジメントと基本的に変わらない。

48

ただし、対象会社の協力が必要なスキーム・オブ・アレンジメントと異なり、テイクオーバー・ビッドは敵対的買収にも利用できる。

敵対的買収の場合、買主は対象企業の秘密情報に基づく詳細なデュー・デリジェンスを実施できないため、対象会社が上場会社として公表している情報をベースとしたデュー・デリジェンス（"デスクトップ・デュー・デリジェンス"と呼ばれる）を行い、テイクオーバー・ビッドのプロセスを開始することとなる。

②テイクオーバー・ビッドの法的手続き

手続きは基本的に買主側が主導し、法定開示書類として以下を記載した買付提案書（Bidder's Statement）を作成し、開示する。

①買付期間および買付価格

②買主自身に関する情報

③買主またはその関係者と対象会社の関係性

④取引後における対象会社の事業の継続、またはその変更の可能性や従業員の雇用継続等に関する買主の意向

⑤その他、買主がテイクオーバー・ビッドへの応募の判断に重要なものとして認識している情報

なお、買付期間は少なくとも1ヵ月間必要である。延長は何度も行うことができるが、最長買付期間は12ヵ月間である。買付価格は、すべての株主に対して同価格としなければならない。なお、買主またはその関係者がテイクオーバー・ビッド前の4ヵ月間に対象会社の株式を取得していた場合、買付価格はその最高価格を下回ってはならないとされている。

一方で対象会社は、買主によるテイクオーバー・ビッドに対する賛同または不賛同等を記載する開示書類（Target's Statement）を作成し、開示する必要がある。

オーストラリアでのテイクオーバー・ビッド実施手続の概要は、以下のとおりである。

●テイクオーバー・ビッドの公表と開始

　買主は、テイクオーバー・ビッドの実施を公表した場合、公表した条件を下回らずに、2ヵ月以内に正式に手続きを開始しなければならない。

●開示書類の提出

　買主は開始時に、Bidder's Statementを公表しなければならない。対象会社

はこれに対する見解を示すため、Target's Statementを公表する。
- 買付け期間中の行動制約

 買主は買付期間中に、対象会社の一部の株主に対してのみ何らかの利益を提供することを禁止される。さらに、自らの保有する株式は、第三者が競争入札者として競合するテイクオーバー・ビッドを実施した場合等を除いて、処分することはできない。
- 開示書類のアップデート

 買付期間中に、重要な新たな事実が判明した場合、買主と対象会社はそれぞれの開示書類を更新しなければならない。
- スクイーズアウト

 買主が対象企業の90％の議決権を取得できれば、残りの少数株主が保有する株式を、同じ買付価格で強制的にスクイーズアウトによって取得できる。この手続きは、買付期間終了後1ヵ月以内に開始しなければならない。

図表3-6はテイクオーバー・ビッドを実施する際のおおまかなタイムスケ

図表3-6：オフ・マーケット・テイクオーバー・ビッド

ジュールである。

(5) 上場会社M&Aにおけるその他留意点

上場会社のM&Aにおいては、日本と同様に、インサイダー取引規制への十分な注意が必要である。オーストラリアにおけるインサイダー情報とは、「一般に入手不可能で、対象会社の株価に重大な影響を与える情報」とされており、日本のように重要事実を個別列挙するような形式ではない。

買主は、取引に先立って株式を取得する場合や、デュー・デリジェンスで対象会社の株価に影響を与えるような非公開情報を入手した場合、インサイダー取引規制に違反しないよう慎重な対応を求められる。

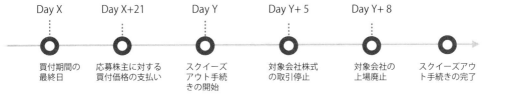

Coffee Break　4つのフットボール——スポーツ

　オーストラリアは、テニスのグランドスラム大会、F1レース、「国家を止める競馬」（stops the nation）と呼ばれるメルボルンカップが開催されるなど、スポーツが非常に盛んな国です。日本でテレビ中継といえば、野球とサッカーが人気ですが、オーストラリアではクリケットとフットボールがそれにあたります。ところでこの「フットボール」ですが、オーストラリアでは4つの別の種類の「フットボール」が存在することをご存知でしょうか？

　1つ目はサッカーで、2つ目は15人制のラグビーです。この2つは、日本人にも馴染みがありますよね。ただしこの15人制のラグビーは、オーストラリアでは"ラグビーユニオンのラグビー"といわれていて、これとは別に13人制のラグビーリーグのラグビーが、3つ目の「フットボール」として存在するのです。

　さらに4つ目の「フットボール」として、"オーストラリアン・ルール・フットボール"と呼ばれる、ラグビーとサッカーとバスケットボールを混ぜたような18人制のスポーツが存在します！　一般の日本人にはルールすらわからないこの4つ目のフットボールが、オーストラリアでは一番人気があったりするから厄介です。

　オーストラリアの人々は、どこかの「フットボール」チームを必ず応援しています。それゆえ、こうした「フットボール」に関する知識は、現地の人との交流においてとても有益なツールとなること請け合いです。

第 **4** 章

M&Aと雇用関係

1 総　論

　M&Aにおいて、譲渡対象となる法人や事業に就業する従業員は、M&Aの実行の後、新たに買主やそのグループ会社の従業員となる。また、売主やそのグループ会社に引き続き就業する従業員にとっても、M&Aの実行によって自らが管理または従事していた法人や事業が存在しなくなるなど、雇用関係が変化することは多い。

　こういったM&Aに付随して発生する雇用関係の問題は、株式譲渡か事業譲渡かというM&Aのスキームによっても異なりうる。なお、オーストラリアでは、対象会社の従業員が、対象会社を含む売主グループの特定のサービス会社において一括して雇用され、対象会社の業務に従事しているようなケースもある。このような場合には、株式譲渡でも事業譲渡と同様に、対象会社の従業員を売主グループに帰属するサービス会社から譲渡対象となる対象会社その他買主側の法人に転籍させなければならない可能性もあり、留意が必要である。

2 株式譲渡

　株式譲渡の場合は、通常、従業員の承継は発生しない。従業員が対象会社に雇用されている限り、株主の変更があっても雇用者の同一性は変わらず、雇用契約がそのまま継続され、対象会社を通じて買主側に承継されるからである。

　この場合、買主は、既存の雇用条件を賃金の未払債務等を含めてそのまますべて承継するため、デューデリジェンスを通して慎重にリスク精査を行い、未払債務等が買収後に発覚した場合には、売主から適切な補償を受けられるよう、契約上の手当てを講じておく必要がある。

　他方、売主としては、株式譲渡の結果、自社やそのグループ内で「redundant」（余剰）となる人員が生じる場合は要注意である。たとえば、主要子会社の譲渡で、親会社である売主の管理部門等が廃止され、売主やグループ会社の従業員のポジションが不要となるケースなどが考えられる。この場合、対象となる従業員が、他の職務への異動を含む労働条件の変更に同意しない場合、整理解雇という事態も生じ得る。このような解雇はオーストラリアにおいて、「redundancy」に

よる解雇とみなされる。その場合、雇用者は、対象となる従業員と協議する義務に加え、就業期間に応じて計算される法定の整理解雇手当の支払い義務も負う。これらの支払いは、基本的に売主の責任で行われるが、状況次第では買主に負担の一部を要求することもある。

なお、オーストラリアにおける「redundancy」という概念は、上記のような典型的な整理解雇以外の雇用関係の終了にも、広く適用される傾向がある。M&Aの文脈では、たとえば以下のような原因による雇用関係の終了も、「redundancy」として取り扱われる可能性がある。

①対象会社の従業員に付与されていた福利厚生の中に、「売主グループの従業員であることが要件」であるものが存在し、M&Aを実施した結果として当該福利厚生が終了する一方、これに代替する福利厚生や補償が提供されなかった

②M&Aを実施した結果として従業員の指揮命令系統が変わり、従業員の職責に影響を及ぼした

そのため、M&Aに伴って従業員に何らかの不利益が生じる場合には、売主と買主はその対応について慎重に協議のうえ、必要な対応策を講じる必要がある。

3 事業譲渡

事業譲渡の場合、従業員の雇用関係は、売主から買主に自動的に移転されない（日本の会社分割に伴う労働契約の自動承継のような制度は存在しない）。雇用関係を承継するためには、売主との雇用関係をいったん終了させ、買主が新たに雇用する必要がある。なお、従業員側としても、譲渡事業とともに売主から買主に転籍することを申し立てる権利はない。

買主は、譲り受ける事業の従業員に対して、クロージングを条件とする新規雇用をオファーする必要がある。その際、雇用関係を可能な限り維持し、「redundancy」の責任等を回避するためにも、新規雇用の条件は現状を下回らない内容とするべきだろう。また、オファーを受諾するかどうかは従業員の自由であるため、買主としては、事業運営に最低限必要な従業員を確保するために、「一定割合の従業員の同意」を取引の前提条件とすることも一考の余地がある。

他方、売主は、買主のオファーを拒絶した従業員をどのように取り扱うのか、

またこうした従業員に関して発生するコストを、買主との間でどのような負担割合とするのか検討する必要がある。

4 従業員のリテンションの問題

M&Aを成功させるためには、クロージング後も従業員が引き続き意欲的に働いてくれることが非常に重要である。買主は、クロージング後における就業継続を確保するため、人事制度の見直しや新たなインセンティブ制度の導入等について検討する必要がある。

Column

ズル休みも従業員の権利!?──病気休暇（Sick leave）

　オーストラリアでは、"従業員の権利" として、有給休暇とは別に年10日の病気休暇が保障されているのをご存知でしょうか。日本では、病気や怪我で会社に事前申請なく欠勤する場合には、有給休暇の要件を満たさないため、こうした欠勤日には無給となるのが原則です。もちろん、従業員が欠勤後に申し出れば、有給休暇への振り替えを認められることも多いのが実情ではあります。

　ところがオーストラリアでは、病気や怪我による欠勤について、病気休暇（Sick leave）であったことを申請するだけで、年10日までは "欠勤" なのに有給となるのです。病気休暇として扱われるためには、会社のルールに従って医師からの証明書等の提出を要求されるケースもありますが、こうした要件を満たすことがそれほど難しくないこともあり、オーストラリアでは仮病による病気休暇の悪用が起こります。特に連休の中日には、"病気になる人" が非常に多くなります。この制度の問題は、有給休暇とは異なり事前申請に馴染まない点です（たとえば「明後日病気になる予定なので休みます」とは言えませんよね）。

　つまり、欠勤に備えた対応策をあらかじめ講じることが難しいのです。従業員の福利厚生という面では良い制度ではあるものの、各従業員のモラルにある程度依存している制度であるのが難点です。

第 5 章

M&Aと税務

1 総　論

　オーストラリアのM&Aにおいて、関連する税金として留意が必要なものは主に、①所得税（Income Tax）、②物品・サービス税（GST）、③印紙税（Stamp Duty）、の3つである。

（1）所得税（Income Tax）
①非居住者のキャピタルゲインに対する源泉徴収
　日本企業等の非居住者は、オーストラリアにおける所得、および「課税オーストラリア資産」に該当する資産の売却で得たキャピタルゲインに対して課税される。「課税オーストラリア資産」には、以下のようなものがある。

　①オーストラリアの不動産

　②オーストラリアの恒久的施設に係る事業用資産

　③時価ベースで資産の過半数以上をオーストラリアの不動産が占める企業の
　　10％以上の持分（非ポートフォリオ持分）

　売主が非居住者の場合、買主は、「課税オーストラリア資産」の譲渡価格のうち12.5％を源泉徴収し、その金額をオーストラリア税務当局に納付する。そのため、譲渡契約ではこの源泉徴収税の取り扱いに関して、適切な条項を規定する必要がある。

②株式譲渡の際の留意点
　株式譲渡でオーストラリアの会社を取得する場合、買主は事実上、当該会社における所得税の未払債務を含む税務上の債務もすべて承継することになる。そのため、隠れた税務上の債務に対する追加的負担を避けるためにも、株式譲渡契約に、適切な税務に関する表明保証と税務補償の条項を入れ込む必要がある。

　また、対象会社が売主の連結グループ子会社である場合、買主は、有効なタックス・シェアリング契約とタックス・ファンディング契約の締結の有無を確認し、連結グループからの離脱に関する適切な表明保証と税務補償の条項を交渉すべきである。

　加えて、株式譲渡の結果、対象会社の繰越欠損金といった税務上有利な効果が

喪失しないかについても、十分な確認を要する。

③事業譲渡の際の留意点

　事業譲渡の場合、買主は承継債務として特に合意するものを除き、所得税の未払債務を含む対象事業の税務上の債務を承継することはない。したがって、株式譲渡のような考慮は基本的に不要である。

（2）物品・サービス税（GST）
①物品・サービス税と仕入税額控除

　物品サービス税（GST）は、日本の消費税に似ており、企業活動としての物品、

Column

税金の払い漏れは逃さない──税務補償条項（Tax Indemnity）

　日本のM&A契約書においては、売主による表明保証の規定と、表明保証の違反があった場合の損害賠償義務を規定することは一般的です。通常この表明保証には、税務事項に関する表明保証も含まれますが、一段進んでいわゆる税務補償条項（Tax Indemnity）を規定することはほとんどありません。

　税務補償条項とは、クロージング日までの期間に、対象会社において何らかの税金の不払いがあった場合には、売主がその一切を補償するという約束です。これによって買主は、仮に対象会社において何らかの潜在的な税務の未払い債務があっても、売主からそれに相当する金額を取り戻すことができるのです。日本の実務と異なり、オーストラリアのM&A契約書では、このような税務補償条項を規定することは一般的です。これによって買主は、税務リスクについてより手厚い保護を受けられます。

サービス、不動産、無形資産その他の権利の供給に対する広範な間接税である。GSTの税率は10%となっている。

GSTは、他国における消費税や付加価値税と同様に運用され、課税対象となる供給を行った者は、その売上げについてGSTの納税義務を負う。他方で、課税対象となる物品やサービスを購入したときのGSTのクレジットを、仕入税額控除としてGSTの納税義務と相殺することができる。

②株式譲渡の際の留意点

株式譲渡では、売主は譲渡対象株式についてGSTの納税義務を負わない。そのため、売主と買主は、株式の売却と取得に関連して、課税対象となるサービス等に支払った際のGSTのクレジットの全額を仕入税額控除として取り戻すことができないおそれがある。これは「GSTリーケージ」と呼ばれている。ただし、証券取引サービスなど一定のものについては、サービスの対価を支払うことで得たGSTクレジットのうち、75％または55％の還付を受けられる可能性がある。

③事業譲渡の際の留意点

資産譲渡の場合は、対象となる資産が農地などGSTの賦課対象外となる場合を除いて、基本的にはGSTの納税対象となる。他方、事業譲渡の場合には、それが継続事業（going concern）の売却とみなされる一定の要件を満たせば、GSTの賦課対象外となることもある。

GSTの支払い義務が生じる場合、売主としては、GST支払い後のベースで希望する譲渡価格の満額を受領できるよう、GSTに相当する金額を譲渡価格に上乗せする "グロスアップ" の規定を、譲渡契約に含めるよう交渉するとよいだろう。

（3）印紙税（Stamp Duty）
①課税対象となる資産および税率

印紙税は、「資産の売買等、経済取引に伴って作成する契約書やその他書面に対して賦課される税金」をいう。印紙税の税率と課税対象となる資産の種類は、オーストラリアの法域（州など）によっても異なるが、最も高い税率としては4.5％～6.5％が賦課される。加えて、海外の買主にとって留意が必要なのは、一定の州の住宅用地の取得には、上乗せ税率が適用される可能性がある点である。

この上乗せ税率は7％～8％で、原則的な印紙税の税率に追加して賦課される。

印紙税が適用される場合、基本的には買主がそれを支払う義務がある。

②株式譲渡の際の留意点

株式の譲渡は、かつて印紙税が賦課されていた時代もあったが、現在では対象外となっている。もっとも、株式譲渡で取得する会社が「直接的または間接的に土地に関する権利を保有」していて、その価値が所在する法域（州）で定める一定の金額（州によって異なるが0～200万豪ドル）以上となる場合、土地の譲渡とみなされ印紙税の納税義務が発生する可能性がある。この納税義務は、売主と買主の双方が海外の当事者である場合でも、また対象会社が海外法人である場合でも適用される。

土地に関する権利は広く定義されており、所有する土地、賃貸借されている土地、および不動産の一部とみなされる造作や設備といった"土地の定着物"に加え、それに至らない程度の重要な動産も含まれることがある。

印紙税額は、対象会社が直接的または間接的に保有する土地の権利の時価に、各法域（州）で適用される税率を乗じて計算される。州によっては、対象会社が直接的または間接的に保有する動産の時価も加算される。所有不動産に関しては、印紙税の算定に際して、独立した評価者からの価値算定書が必要となる場合もある。

③事業譲渡の際の留意点

事業譲渡では、譲渡資産の内容や所在地に応じて、印紙税が賦課される。土地の権利の譲渡と、それに付随して譲渡される動産は、印紙税の課税対象となる。他方、知的財産権やのれんといった無形資産は、一部の法域（州）においてのみ印紙税の課税対象となる。

なお、印紙税額は、「課税対象資産のGSTを含めた時価」または「GSTを含めた譲渡価格」のいずれか高い金額に、各州で適用される税率を乗じて計算される。そのため、GSTが賦課されるかどうかは印紙税の額にも影響する。

第 **6** 章

M&Aに適用される
主要な法規制

1 対内直接投資に関する規制

（1）総　論

　オーストラリアは、海外からの投資を歓迎する一方で、国家の利益と安全保障を保護するための厳格な対内直接投資規制を導入している。具体的には以下のようなケースにおいて、外国投資家は投資の実行に先立って、外国投資審査委員会（FIRB）に対する届出を行い、オーストラリア財務長官の承認（以下、「FIRB承認」）を得なければならない。

①一定の金額基準を超える大規模な投資

②オーストラリアの国益や安全保障の観点からセンシティブな事業に対する投資

③外国政府関連の投資家による投資

　オーストラリア財務長官は、国益や安全保障の保護のため、対内直接投資規制の対象となる外国投資家による投資について、「阻止」、「解消」、「一定の条件を課す」といった対応を行うことができる。投資がオーストラリアの国益や安全保障に反するか否かの判断においては、以下が広く考慮される。

①投資家の属性

②オーストラリアの政策や法令（特に税制）との整合性

③安全保障上の利益

④市場における競争環境

⑤オーストラリアの経済発展や地域社会全体への影響等

　また、外国政府関連の投資家の場合は、何らかの政治的目的を追求しているかどうかといった“投資の商業性”についても考慮される。

　FIRB承認の手続きは、多くの場合、事務的なファイリング作業のみで終わる。ただし、一定の申請費用および審査期間を要するので、M&Aの実施に際してはこれらをあらかじめ考慮しておくべきである。また、承認に際して条件が課された場合には、取引実行後も引き続きそれを遵守するための継続的手当てが必要となる。

（2）FIRB承認が必要となる要件

①対象となる外国投資家

オーストラリアの対内直接投資規制に係る外国投資家には、大要以下の者が含まれる。

- ●オーストラリアに居住していない個人
- ●外国政府関連の投資家
- ●オーストラリアに居住していない個人、外国法人／外国政府関連の投資家が単独で20％以上の持分を保有する法人、信託／リミテッド・パートナーシップ
- ●オーストラリアに居住していない個人、外国法人／外国政府関連の投資家が複数で合計40％以上の持分を保有する法人、信託／リミテッド・パートナーシップ

なお、オーストラリア法人であっても、上記に該当する場合には外国投資家とみなされる。

また、外国政府関連の投資家とは以下であり、一般の外国投資家よりも厳しい基準が適用される。

- ●外国政府または外国政府関連の事業体
- ●単一の国の外国政府／外国政府関連の事業体が20％以上の持分を保有する法人、信託／リミテッド・パートナーシップ
- ●複数の国の外国政府／外国政府関連の事業体が合計で40％以上の持分を保有する法人、信託／リミテッド・パートナーシップ

②対象となる取引

FIRB承認が必要となる取引には、以下のような取引が含まれる[11]。

- ●外国投資家が、３億3,000万豪ドル以上の価値を有するオーストラリア企業の、20％以上の持分を取得する場合
- ●外国投資家が、国家の安全保障に影響があるオーストラリアの事業（その金額的価値を問わない）の、10％以上の持分を取得する場合

11　本金額を含め、本②および図表６-１に記載される金額基準は、いずれも2024年度（2024年１月１日～2024年12月31日）のものであり、毎年１月１日に金額の見直しが行われる。そのため、FIRB承認の要否の判定に際しては、直近で有効な金額基準を確認する必要がある。

- 外国政府関連の投資家が、オーストラリアの事業（その金額的価値を問わない）の、10％以上の持分を取得する場合

上記のうち、「国家の安全保障に影響があるオーストラリアの事業」には、以下のような事業がある。

- 電気通信事業
- 軍事用／諜報用の重要な製品、技術／サービスの開発、製造、供給事業
- オーストラリアの国防関係者／諜報関係者の機密情報／個人情報を取り扱う事業
- 重要インフラ資産の所有、運営、10％以上の持分の保有

「重要インフラ資産」は、電気通信事業、放送事業、水道、電力、ガス等の22分野にわたる各産業分野ごとに、細かく定義されている

日本やその他オーストラリアと自由貿易協定を結んでいる国の投資家は、外国政府関連の投資家を除き、「センシティブ」な事業以外への投資等においては、3億3,000万豪ドルではなく14億2,700万豪ドルという若干緩めの金額基準が適用される。「センシティブ」な事業には、メディア、電気通信事業者、運輸（関連インフラ含む）、軍事、暗号・セキュリティ技術、通信システム、ウランやプルトニウムの採掘、または原子力施設の運営等の事業が含まれる。

一般的な規制は上記のとおりだが、メディア産業や農業等への投資には、例外的にさらに厳しい水準が設けられている。このようにオーストラリアの外国投資

図表 6-1：オーストラリアの外国投資規則

投資対象事業	取得持分の割合	投資金額の基準 （日本の投資家を前提）
農業	10％（他に事業への影響力を有する場合にはこれより低い割合が適用され得る）	投資額が7,100万豪ドル
メディア事業	10％（他に事業への影響力を有する場合にはこれより低い割合が適用され得る）	金額の多寡を問わない
国家安全保障事業	10％（他に事業への影響力を有する場合にはこれより低い割合が適用され得る）	金額の多寡を問わない
上記以外の事業でセンシティブな事業	20％	対象事業の価値が3億3,000万豪ドル
上記以外の事業でセンシティブな事業でないもの	20％	対象事業の価値が14億2,700万豪ドル

規則は、入り組んだ構造となっている。

外国投資規則に違反した場合には、M&A取引の解消を命じられるといった最悪の結果をもたらすこともありうる。上記のとおり、オーストラリアの対内直接投資規制は非常に複雑なため、現地の法律専門家からの適切な助言を受けることが望まれる。

③承認手続き

FIRB承認の申請はオンラインにて行うことができ、取引当事者や取引内容の詳細を情報として提出する必要がある。

申請手数料は取引の規模や内容によって異なるが、M&A取引の場合、一般的には以下である[12]。

- 売買価格を基準として、1億豪ドルまでは29,500豪ドル
  →その後5,000万豪ドル増えるごとに29,500豪ドルずつ加算され
  →上限は約120万豪ドル

申請がなされた場合、オーストラリア財務長官は30日以内に決定し（ただしこの期間は、120日まで延長可能とされている）、10日以内に申請者に結果を通知することになっている。実務的には平均して5～6週間程度で決定されるが、ビジネス上の見地から早期の決定を望む場合には、取引スケジュールに間に合うよう、実務上可能な範囲で協力してくれることがある。

なお、オーストラリア企業や事業に対して継続的な投資を行う場合、個別投資ごとの承認ではなく、一連の投資全体を対象とした免除証明を取得することもできる。

④条　件

近時において、M&A取引に関するFIRB承認の約半数は、オーストラリアの国益や安全保障を保護するための一定の条件が付されている。特に、組織再編を絡めたM&A取引には、税法の遵守や税務に関する一定の情報開示義務が条件とし

12　この申請手数料は2024年～2025年度（2024年7月1日～2025年6月30日）のものであり、毎年7月1日に金額の見直しが行われる。

て課される傾向がある。その他にも、コーポレートガバナンス、データの取扱い、サイバーセキュリティに関連する条件を求められるようなケースもある。

　こうした条件の遵守状況については、定期的な報告が求められるため、クロージング後も継続的な手当てが必要である。

⑤任意の通知

　上記した承認の対象となるもの以外の対内直接投資については、FIRB承認は不要である。しかし、オーストラリアの国家安全保障上の特別な懸念を生じさせるような投資である場合、オーストラリア政府は「阻止」、「解消」、「一定の条件を課す」といった対応を行う権限を有する。

　そのような事態を避けるため、FIRB承認の申請が強制されない場合でも、"任意の通知"の検討が望ましい場合がある。どのようなケースで任意の通知を行うことが推奨されるかについては、オーストラリア政府が一定のガイダンスを出している。

⑥登　録

　オーストラリアの各種資産に対する外国人の投資持分は、「オーストラリア資産の外国人保有登録簿」（Register of Foreign Ownership of Australian Assets）、またはその他の登録簿に登録しなければならないケースがある。登録を怠ると、多額の罰金が課されることもあるので、留意が必要である。

2 競争法規制

　M&A取引は、規模や内容次第で「市場における公正で自由な競争を制限する」ことがある。オーストラリア競争・消費者委員会（ACCC）は、そのような競争制限的効果の有無について審査する役割を担っている。

　オーストラリアにおいては、「企業結合に関する審査の届出」は任意で、日本のように一定の金額を超える場合に届出が強制されるような法制度ではない[13]。もっとも、実務的には、買収後の"関連市場"における両当事者の「マーケット

13　現在、この届出を任意的なものから強制的なものへと変更する制度改革が検討されており、2026年1月1日から当該新制度に移行する可能性がある。

シェアが20％以上となり、製品が補完または代替する関係性を有する」場合には、ACCCへの任意の届出が推奨される。任意の届出を行うことで、このM&Aが「競争を実質的に制限するかどうか」について、ACCCからの"非公式の見解"を得られる。こうした非公式な見解は、厳密にはM&Aの当事者に法的保護を与えないが、実務的には、高い予測可能性をもってM&Aを実行できることになる。

　他方、M&Aの当事者は、ACCCに対して任意の届出ではなく、正式な企業結合の承認を求めることもできるが、実務上はそれほど多く利用されていない。もっとも、正式な企業結合の承認を求めた場合、

①法定の期間内にACCCの決定が示される

②ACCCの決定に対して、不服申立てを行うことができる

③承認が得られた場合には、対象となる企業結合に関する責任を法的に免責される

といったメリットもあるため、状況次第では正式承認の申請も選択肢の１つであ

Coffee Break　"おつまみ"の持ち込みは巨大なリスク!?——入国時の税関と検疫

　海外からの投資と同様、オーストラリアは基本的に海外からの訪問客についても歓迎しています。ただし、オーストラリアへの入国には注意が必要です。入国審査自体は特段厳しいものではありませんが、オーストラリアの税関と検疫は、世界の国の中でも審査が厳しいことで有名なのです。空港には乗客の荷物の中に食品等の検疫対象となる物がないか、匂いを嗅いで調べる探知犬さえいます。ここまで厳しくする理由は、他の大陸から離れて、固有の動植物も数多く存在するオーストラリアに、異国の害虫や病原体が侵入することを防止するという点にあるものと思われます。

　オーストラリアへの入国時に、税関に虚偽の申告をして禁止物品を持ち込んだ場合、その場で高額の罰金を科される可能性があります。さらには最悪の事態として、ビザを失効させられた上、それ以降３年間は入国できないという厳しい措置を課されることさえあるのです。禁止物品には卵、乳製品、肉製品、魚製品、蜂蜜、野菜、果物、穀物、ナッツ等が含まれています。きちんと申告すれば問題ない場合も多いのですが、ビジネスで出張する際には、空港で足止めされるリスクを避けるためにも、なるべく食品関係のものは持ち込まないのが無難だと言えるでしょう。

る。

　なお、企業結合の届出に関する審査をクロージングまでに終えることは、法律上の義務ではない。ただし、ACCCは、届出の審査が完了するまでM&Aを実行しないことを期待しており、その旨を当事者に誓約させることもある。任意の届出を行う場合は、少なくともクロージング予定日の12週間前までの届出が推奨される。ただし、審査が第2段階目の詳細審査にまで及ぶことが合理的に見込まれる場合には、少なくともクロージング予定日の6ヵ月前までに届出を行うことが推奨される。

　取引の実行にFIRBの承認が必要な場合、FIRBはACCCと連携し、競争法上の懸念がないことについての確認を経たうえで、最終的な承認を出すことが多い。

3 ASICへの登録

　オーストラリア証券投資委員会（ASIC）は、オーストラリアの企業規制当局である。ASICは、非公開会社のM&A取引を直接規制することはないものの、オーストラリアの会社の発行株式数、株主、住所、取締役や秘書役等が変更された場合には、28日以内にASICに届け出る必要がある。

　また、第3章2節で説明したとおり、上場会社のM&Aにおいては、ASICはScheme bookletのレビュー等、重要な役割を果たしている。

4 その他業種特有の規制

　上記の一般的な規制以外にも、銀行、保険、金融サービス、航空、メディア・放送といった一定の規制業種のM&A取引は、個別の法令による特別な規制が適用される場合がある。具体的には以下のようなものである。

- 保有する株式が、一定割合を超える場合の通知義務
  - →例：外国人が、オーストラリアのメディア会社の2.5％の株式を取得する場合の通知義務
- 保有する株式が、一定割合を超える場合の承認取得義務
  - →例：オーストラリアの銀行や保険会社の株式を、20％を超えて取得する場合の承認取得義務

- 外国人による株式保有割合の制限
  →例：空港運営会社における、外国人の合計保有持分の49％制限

第 **7** 章

日本企業による
オーストラリアに
おけるM&A

1 日豪関係と日本企業による投資

　日本はオーストラリアにとって第2位の貿易相手国である。両国は二国間自由貿易協定を結んでおり、また「環太平洋パートナーシップに関する包括的及び先進的な協定」（CPTPP）や「地域的な包括的経済連携協定」（RCEP）といった地域貿易協定の締結国でもある。両国の閣僚は、2023年10月にも、両国の共通の価値観、深い経済的補完性、人々の永続的な関係性に支えられた特別な戦略的パートナーシップがますます強固かつ重要なものとなっていることを確認するとともに、エネルギー転換やサプライチェーンの問題に対処するための継続的な投資に係る協力の重要性を強調している[14]。

　2023年の日本からオーストラリアへの投資額は、海外各国からの投資全体の中で、第4位[15]である。投資対象としても、鉱業やエネルギーといった従来から投資が盛んな業種のみならず、近年は消費財やサービス、ヘルスケア、テクノロジーといった、多様な業種へのM&A投資が見られるようになっている。

2 日本企業による主要なM&A取引

　2023年に公表された大規模なM&A取引のうち、日本企業が関与するものは、以下である。

（1）キリンホールディングスによるBlackmores（上場会社）の買収

買収会社	キリンホールディングス株式会社
対象会社	Blackmores Limited
対象会社業種	アジア・パシフィックでサプリメントなど健康食品（ナチュラル・ヘルス）事業を展開

14　Australia-Japan Ministerial Economic Dialogue Joint Ministerial Statement, 8 October 2023（https://www.trademinister.gov.au/minister/don-farrell/statements/australia-japan-ministerial-economic-dialogue-joint-ministerial-statement）

15　Department of Foreign Affairs and Trade, "Statistics on who invests in Australia", 2023（https://www.dfat.gov.au/trade/trade-and-investment-data-information-and-publications/foreign-investment-statistics/statistics-on-who-invests-in-australia）

買収割合/スキーム	発行済株式の100%を取得／スキーム・オブ・アレンジメント
買収プロセス	2023年4月26日スキーム実施契約締結（2023年4月27日付公表資料[16]） 2023年8月10日子会社化完了（同日付公表資料[17]）
背景	キリングループは、ヘルスサイエンス事業を次世代の成長の柱として育成中。Blackmoresは、豪州最大の健康食品事業を展開し、東南アジアや中国へも進出して高いプレゼンスを保有。本取引は、ヘルスサイエンス事業の商品ラインアップやケイパビリティの充実、展開地域、成長機会と事業規模の拡大等を企図して行われた。

（2）三菱UFJ信託銀行によるLink Group（上場会社）の買収

買収会社	三菱UFJ信託銀行株式会社
対象会社	Link Administration Holdings Limited
対象会社業種	年金運営管理・証券代行業／オーストラリアの年金運営管理業のトップ企業
買収割合/スキーム	発行済株式の100%を取得／スキーム・オブ・アレンジメント
買収プロセス	2023年12月18日スキーム実施契約締結（2023年12月18日付公表資料[18]） 2024年5月16日子会社化完了（同日付公表資料[19]）
背景	三菱UFJフィナンシャル・グループは、持続的な成長、収益力の強化に向けた戦略としてグローバルの資産運用と資産管理事業への投資を推進中。本取引は、オーストラリアの年金関連サービスのトップ企業、かつオーストラリア、英国およびインドを中心として株主名簿管理、株式報酬制度およびIR等の発行体とステークホルダーを繋ぐ証券代行関連事業も展開するLink Administration Holdingsの買収によって、グローバルな資産管理事業の更なる拡大および強化を図ることを企図して行われた。

16　キリンホールディングス株式会社「豪州の健康食品（ナチュラル・ヘルス）会社Blackmores Limited社の株式取得（子会社化）に向けた契約の締結に関するお知らせ」（2023年4月27日）（https://pdf.irpocket.com/C2503/bU43/Llud/LKh4.pdf）

17　キリンホールディングス株式会社「豪州の健康食品（ナチュラル・ヘルス）会社Blackmores Limited社の株式取得完了について」（2023年8月10日）（https://pdf.irpocket.com/C2503/dUAy/zxjo/xp5y.pdf）

18　株式会社三菱UFJフィナンシャル・グループ及び三菱UFJ信託銀行株式会社「Link Administration Holdings Limitedの株式取得にかかる売買契約締結について」（2023年12月18日）（https://www.mufg.jp/dam/pressrelease/2023/pdf/news-20231218-001_ja.pdf）

19　株式会社三菱UFJフィナンシャル・グループ及び三菱UFJ信託銀行株式会社「Link Administration Holdings Limitedの株式取得完了について」（2024年5月16日）（https://www.mufg.jp/dam/pressrelease/2024/pdf/news-20240516-002_ja.pdf）

（3）花王によるBondi Sands（非上場会社）の買収

買収会社	花王株式会社/米子会社Kao USA Inc./豪子会社Kao Australia Pty. Limited
対象会社	Bondi Sands Australia Pty Ltd
対象会社業種	スキンケア商品製造業/プレミアムスキンケアブランドを保有
買収割合	発行済株式の100%を取得
買収プロセス	2023年7月27日株式譲渡契約締結（2023年8月1日付公表資料[20]） 2023年11月株式取得完了[21]
背景	花王グループは、中期経営計画でスキンケア事業を、成長ドライバーのひとつと設定。Bondi Sandsはセルフタンニングや日やけ止め、スキンケア商品等を、オーストラリア、イギリス、アメリカなど32ヵ国を中心に展開し、品質の高さやサステナブルな取り組みで、消費者の高い支持を得ている。本取引は、花王がこれまで培ってきた日本市場でのUVケア技術とアメリカ市場でのセルフタンニング技術も活用してグローバル事業ポートフォリオの拡充を図り、さらなる事業成長を目指して行われた。

（4）セブンアイホールディングスによるConvenience Group Holdings（非上場会社）の買収

買収会社	セブン＆アイ・ホールディングスの米国子会社7-Eleven International LLCが、豪子会社のAR BidCo Pty Ltdを通じて買収
対象会社	Convenience Group Holdings Pty Ltd
対象会社業種	コンビニエンスストアおよびガソリン小売り/「7-Eleven」ブランドのライセンシー
買収割合	発行済株式の100%を取得
買収プロセス	2023年11月30日株式譲渡契約締結（2023年11月30日付公表資料[22]） 2024年4月1日株式取得完了（同日付公表資料[23]）

20　花王株式会社「花王、オーストラリアのBondi Sands社を買収」（2023年8月1日）（https://www.kao.com/content/dam/sites/kao/www-kao-com/jp/ja/corporate/news/2023/pdf/20230801-001-01.pdf）

21　花王株式会社「第118期定時株主総会 招集ご通知」36ページ（https://www.kao.com/content/dam/sites/kao/www-kao-com/jp/ja/corporate/investor-relations/pdf/shareholders_2024_001.pdf）

22　株式会社セブン＆アイ・ホールディングス「当社子会社によるオーストラリアConvenience Group Holdings Pty Ltdの株式の取得 および特定子会社の異動についてのお知らせ」（2023年11月30日）（https://www.7andi.com/library/dbps_data/_material_/localhost/ja/release_pdf/2023_1130_ir01.pdf）

23　株式会社セブン＆アイ・ホールディングス「当社子会社によるオーストラリアConvenience Group Holdings Pty Ltdの株式の取得完了および特定子会社の異動についてのお知らせ」（2024年4月1日）（https://www.7andi.com/library/dbps_data/_material_/localhost/ja/release_pdf/2024_0401_ir02.pdf）

背景	セブン＆アイ・ホールディングスは、新規国の開拓とともに、既存展開エリアのライセンシーへの戦略的投融資を通じて、グローバルなコンビニエンスストア事業の展開を積極的に推進中。本取引は、7-Eleven Stores Pty Ltdを含む複数の会社の株式を保有し、オーストラリア国内に多数の店舗を有するConvenience Group Holdingsの買収により、成長ポテンシャルの高い同国市場でマーケットリーダーとしての地位の確立を狙った。さらに、成長余地のある地域への積極的な新規出店により、店舗ネットワークの拡大を行い、グループ全体の長期的な成長をさらに加速させることを企図している。

（5）INPEXによるEnel Green Power Australia（非上場会社）の50％株式の取得

買収会社	株式会社INPEX/豪子会社INPEX Renewable Energy Australia Pty Ltd
対象会社	Enel Green Power Australia Pty Ltd （伊大手電力・エネルギーEnel S.p.Aの豪子会社）
対象会社業種	太陽光・風力発電、蓄電池やそれらのハイブリッド電源を含む再生可能エネルギー事業
買収割合	発行済株式の50％を取得
買収プロセス	2023年7月13日株式譲渡契約締結（2023年7月13日付公表資料[24]） 2023年9月29日株式取得完了[25]
背景	INPEXはネットゼロ5分野の取り組みの1つとして「再生可能エネルギーの強化と重点化」を掲げ、M&A等で取得したアセットをプラットフォームとした事業拡大を計画中。本取引は、Enel Green Power Australiaの半数株式取得により、同社が保有する既存ポートフォリオの運営に携わると共に、更なる発電容量の拡大を目標として新規アセットの開発を進め、INPEXがコアエリアとして位置づけるオーストラリアで多角的な再生可能エネルギー事業に参入することを企図した。

---

24 株式会社INPEX「Enel Green Power S.p.Aとの豪州再生可能エネルギー事業会社にかかる株式譲渡契約締結について」（2023年7月13日）（https://www.inpex.co.jp/news/2023/20230713.html）
25 Enel Green Power「ENEL FINALIZES JOINT VENTURE DEAL WITH INPEX CORPORATION BY SELLING 50% OF ENEL GREEN POWER AUSTRALIA」（2023年9月29日）（https://www.enel.com/content/dam/enel-common/press/en/2023-september/PR%20closing%20EGPA.pdf）

（6）双日によるAlbert Automotive Holdings（非上場会社）の買収

買収会社	双日株式会社
対象会社	Albert Automotive Holdings Pty Ltd/名称は"Duttonグループ"
対象会社業種	中古車卸売および小売事業
買収割合	発行済株式の100%を取得
買収プロセス	2023年5月16日株式取得完了（同日付公表資料[26]）
背景	双日は国内外で、正規ディーラー事業での認定中古車の販売と、プレミアムブランドの中古車専門販売店を展開中。本取引は、最大の独立系中古車販売事業者Duttonグループ買収により、人口増加と経済成長に伴って自動車需要の増加が見込まれ、また、保有車両の平均車齢が高く、中古車の需要が大きいオーストラリア市場で自動車販売事業への参入を果たし、自動車事業のポートフォリオ強化を企図した。

　上記（1）、（2）および（3）は、オーストラリア企業の製品、サービスや技術等を、自社の注力する事業分野の強化と拡大に活用する戦略的M&Aである。うち（1）と（2）の上場会社の買収は、いずれもスキーム・オブ・アレンジメントにより実施され、日本企業によるオーストラリアの上場会社買収の典型例である。

　他方、（4）、（5）および（6）は、オーストラリア市場への参入による、自社製品やサービスの拡大を目的とした戦略的M&Aである。これらは、日本企業がオーストラリアを重要な市場と捉え、魅力的な投資先の1つであると考えていることの証左である。

---

[26] 双日株式会社「双日、オーストラリア最大の独立系中古車販売事業者を買収」（2023年5月16日）（https://www.sojitz.com/news/news_file/file/230516.pdf）

おわりに

　以上のとおり、本書ではオーストラリアにおけるM&Aの最近の動向と実務の基本的部分について、オーストラリアならではのユニークな話題にも触れながら概説したが、オーストラリアについての印象は何か変わっただろうか。少なくとも、オーストラリアという国が、カンガルーが飛び跳ね、コアラが抱っこされ、大自然にあふれ、世界中から観光客が集まってくるだけの国ではないことはご理解いただけたのではないだろうか。

　オーストラリアは世界第13位の経済規模を誇る先進国であり、その洗練された法制度、企業統治の仕組み、高度なスキルを有する労働力は、海外投資家に対して魅力的なM&Aの機会を提供している。特に、日本とオーストラリアの関係性を見た場合、本書でも紹介したとおり、両国は経済的な戦略的パートナーシップの強化を進めているが、人的交流その他の側面でも緊密な関係性を築いており、文字どおり「仲良し」の関係性にある。このことは、オーストラリア政府高官が日本について「緊密で信頼できる特別な戦略的パートナー」と繰り返し評していることからもうかがえる。

　このような日本とオーストラリアの関係性を一言で表現するならば、「fair dinkum」（フェア・ディンカム）という言葉が適切であろう。これもオーストラリアのスラングであり、その由来や正確な意味は興味があれば調べてみてほしいが、「真実」、「本物」、「正真正銘の」といった意味を有する。

　オーストラリアのM&Aに関与し、案件が無事終わった際には、双方の関係が「フェア・ディンカム」なものになったと相手方に伝え、お祝いするのもよいだろう。本書がオーストラリアにおけるM&Aの成功の一助となるのみならず、オーストラリアと日本両国の更なる発展と友好に貢献できるものとなることを願っている。

ベーカー＆マッケンジー法律事務所（外国法共同事業）

パートナー 外国法事務弁護士　**Byron Frost**

◇著者紹介◇

辻本 哲郎（つじもと てつお）
ベーカー＆マッケンジー法律事務所（外国法共同事業）パートナー 弁護士
　　コーポレート／M&Aグループに所属し、M&A（企業買収・再編）案件、プライベートエクイティ（投資・ファンド組成）案件、並びに関連する会社法および金融商品取引法に関するアドバイスを中心に、20年以上の実務経験を有する。2011年から2012年にはベーカーマッケンジーのシドニー事務所に駐在し、以降、オーストラリアの現地弁護士と共同で日本企業を代理して数多くのオーストラリアでのM&A案件を手掛ける。関与したM&A案件の内容としても、スキーム・オブ・アレンジメントを利用したオーストラリア上場会社の買収（日本企業の株式を対価とするものも含む）、金融業界や不動産業界における大型のM&A案件、スタートアップ企業へのマイノリティ投資まで多岐にわたる。

Byron Frost（バイロン・フロスト）
ベーカー＆マッケンジー法律事務所（外国法共同事業）パートナー 外国法事務弁護士
　　豪州クイーンズランド州最高裁判所弁護士および豪州連邦最高裁判所弁護士資格を有し、約10年東京で勤務。日本・オーストラリア間を含むクロスボーダーM&Aやジョイントベンチャー案件を多数担当しており、テクノロジー、消費財、ホテル・リゾート、エネルギーなど幅広い分野において国内外のクライアントを代理。また、ホテル・ブランド契約やレジデンス・マネジメント契約に関するアドバイスも行う。在日オーストラリア・ニュージーランド商工会議所Executive Council（理事）を務めるほか、企業法務およびM&Aの分野でBest Lawyers: Ones to Watch（Japan）listに選出されている。日本語に堪能。

M&A Booklet

Cross Border 海外M&Aの実務―オーストラリア

2025年2月28日　第1版第1刷発行

著　者　辻　本　哲　郎
　　　　バイロン・フロスト

発行者　山　本　　　継

発行所　㈱中央経済社

発売元　㈱中央経済グループ
　　　　パブリッシング

〒101-0051　東京都千代田区神田神保町1-35
電話　03 (3293) 3371(編集代表)
　　　03 (3293) 3381(営業代表)
https://www.chuokeizai.co.jp
印刷・製本　文唱堂印刷㈱

© 2025
Printed in Japan

＊頁の「欠落」や「順序違い」などがありましたらお取り替えいた
しますので発売元までご送付ください。（送料小社負担）
ISBN978-4-502-52601-5　C3334

JCOPY〈出版者著作権管理機構委託出版物〉本書を無断で複写複製（コピー）することは，
著作権法上の例外を除き，禁じられています。本書をコピーされる場合は事前に出版者
著作権管理機構（JCOPY）の許諾を受けてください。
　JCOPY〈https://www.jcopy.or.jp　eメール：info@jcopy.or.jp〉

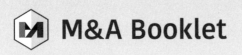

BDDを知る ビジネスDDの全体像と設計
ビジネス・デューデリジェンス 個別編Ⅰ　PwCアドバイザリー合同会社 編

ビジネスDDの本質と全体的な進め方、計画策定から対象会社の実態把握、価値創出・向上策の検討に至る一連の流れについて、分析・検証の実施内容やポイントについて概説する。

BDDを進める 実態把握とM&Aでの活用
ビジネス・デューデリジェンス 個別編Ⅱ　PwCアドバイザリー合同会社 編

事業構造分析・業績向上分析について解説するとともに、その結果を用いて買収対象会社の事業計画の妥当性や修正事業計画策定の検討、分析結果の活用方法などを概説する。

BDDを磨く シナジー検討とビジネスDD技法
ビジネス・デューデリジェンス 個別編Ⅲ　PwCアドバイザリー合同会社 編

Ｍ＆Ａにおける買い手と対象会社間のシナジーやアクションプランの策定、ビジネスＤＤ作業を進めるうえでの情報収集と成果物としての表現手法などの基本的技法を紹介する。

BDDを活かす 各種DDとの連携と応用
ビジネス・デューデリジェンス 個別編Ⅳ　PwCアドバイザリー合同会社 編

ＢＤＤとともに実施される法務、財務、税務のＤＤや人事・ＩＴなどの機能ＤＤとの連携と業界により異なるＢＤＤの主要論点を概説し、多様化する派生型のＤＤを紹介する。

中央経済社